LEONARDO A ROMA

Le parole dei bambini

SHORT STORIES IN ITALIAN

For Beginners Learners (A1 - A2)

Improve your Comprehension & Reading Skills, Grow your Vocabulary and Learn Italian with Ease

LANGUAGE MYTHS

REBECCA ROMANO

Rebecca Romano

Table of Contents

Why read short stories?

I'm so excited you're reading this—it means you're ready to improve your Italian in a **fun and rewarding** way: through stories!

After years of teaching Italian, I found most reading materials either too complex or too boring for learners. That's why I started writing **short stories in simple Italian** crafted to match your language level while keeping you emotionally involved in the plot.

Short stories are a powerful tool for language learners. They expose you to **real-life vocabulary**, **natural dialogue**, and **cultural context**—all in **manageable, bite-sized sections**.

You'll absorb common expressions and sentence patterns in context, picking up full phrases or "chunks" instead of isolated words— **just like native speakers** do.

Whether you're just starting out or have been studying Italian for some years, these stories will help you build **confidence**, stay **motivated**, and truly enjoy improving your Italian skills.

So grab a coffee, settle in, and enjoy the journey. I hope this book brings you both progress and pleasure in your Italian learning adventure!

Why read this book?

'*Leonardo a Roma*' is my latest collection of short stories specially **tailored for Italian language learners** —from beginner level (Book 1) to upper beginner/intermediate (Book 2) and to intermediate/advanced level (Book 3).

This book '*Le parole dei bambini*' is a **Graded Italian Reader** targeted at **Italian language learners at a beginner level** based on **A1-A2 of the CEFR** (Common European Framework of Reference for Languages).

It's designed to be both **entertaining and accessible**, so you can enjoy reading while still being challenged to progress.

Amongst other benefits, reading this book includes:

- **modern stories** with aspects of day-to-day life in Italy, so you can experience **authentic dialogues and situations**.

- **common words**, including the **1000 most common Italian words**, making it easier to understand and quicker to expand your vocabulary for everyday use.

- **simple grammar structures**, based on levels **A1–A2** of the CEFR, making it ideal for learners who just started their Italian language journey.

- **connected stories**, which follow the same familiar characters and places, to help you retain what you learn.

- **real-life Italian settings** that immerse you in the Italian culture and way of living of Rome.

- **progressive difficulty**: The first chapters are simpler, and gradually become more complex, to help you build confidence while naturally expanding your skills.

- **short, manageable episodes** as each chapter includes **two bite-sized episodes**, making it easier to finish a section, feel accomplished, and stay motivated.

- **special learning aids**, which includes vocabulary lists, summaries in English and Italian, and comprehension questions to reinforce what you've learned.

- **NEW cultural insights**, which introduce you to everyday Italian habits, traditions, and curiosities—from food and gestures to famous places and local customs.

Whether you've just started learning Italian or are looking for a fresh way to improve, this book offers a **fun and effective** path forward.

Enjoy your reading—and your learning!

How to read this book

When approaching new reading material, I encourage my students to follow the following process which helps them understand the story and retain the most useful information, including vocabulary.

First, **read the story at your own pace** without looking up any word in the vocabulary. You don't need to understand word by word. You just need to expose yourself to the story and identify the main characters, where the story takes place and the main gist of it. All the details are superfluous at this stage.

Then, **read the story again and look up at the words included in each story's vocabulary**. Don't feel the urge to look up any more words yet. Try to understand the meaning of unknown words by the context and similarities to your own language. For example, what does "ho esagerato" means? "Esagerato" is very similar to *exaggerate*. Could this be the actual translation? Most of the times, your first intuition is the right one.

Write down these words in your notebook and move on to the next step. Together with this book, you can buy a special notebook which I have created to help you retain more vocabulary.

Finally, **read the story once more**, and this time you can **look up at as many words as you like** (and even try to traslate the story in your own language if you are up for a challenge!). However, while it's normal our brain is begging us to understand every single word, this is sometimes not always possible as other elements come into play: grammar, hidden cultural values, and so on.

Remember the main objective of any language: to communicate meaning. As long as you achieve an understanding of the message each story wants to deliver, you have a reason to celebrate! You are developing important skills which will help you navigate the language and use it actively in dialogues, writing, reading more books, with confidence in natural contests when the understanding of each single word is not essential.

Happy reading!

BONUS STORY

GET YOUR EXTRA BONUS STORY!

As a special thank you for being such an amazing reader, I want to give you a **special gift**.

When you sign up to my mailing list at subscribepage.io/isegretidimiriam, you will receive a free **bonus story** from my book *'I segreti di Miriam'*.

A dinner in the dark is all it takes for Miriam to fall in love and begin a mysterious and intriguing journey into her life.

About the author

Rebecca Romano developed a passion for languages at a young age and she now speaks five languages, giving her insight into the challenges of learning—and how to overcome them.

After earning a degree in Foreign Languages, she worked in Belgium, Switzerland, France, and Italy. These experiences strengthened her belief in the power of languages to make travel, work, and life abroad easier and more enjoyable.

Through years of teaching, she noticed that her most successful students are those who immerse themselves in Italian culture—reading books, listening to radio or audiobooks, and watching Italian films.

This inspired her to begin writing stories tailored to Italian learners, blending her teaching knowledge with her personal experience and offering a fun and natural way for students to learn authentic language and cultural elements.

Her goal is to help as many students as possible build confidence and fall in love with the Italian language.

Now based in New Zealand, Rebecca teaches Italian and writes short story books for learners of Italian and Spanish.

You can follow and connect with Rebecca on Instagram at @languagemyths_italian

Benvenuto a Roma - Welcome to Rome

CAPITOLO 1

Parte 1.1

Il primo giorno - The first day

Leonardo **apre**[1] gli occhi. È mattina. Il **sole**[2] entra dalla **finestra**[3]. È il suo primo giorno di **tirocinio**[4] all'ospedale pediatrico '*Bambino Gesù*' di Roma.

Leonardo si alza dal letto. **Guarda fuori**[5] dalla finestra: ci sono **tante**[6] case, tante macchine, e tante persone **per strada**[7]. **Sente**[8] il profumo del caffè del bar **sotto casa**[9].

"Roma... **finalmente**[10]!" Leonardo **sorride**[11].

Leonardo è alto, ha capelli **castani**[12] e occhi **chiari**[13]. Ha 25 (venticinque) anni. Viene da San Francisco, negli Stati Uniti. È uno studente di medicina. **Ora**[14] è in Italia con una **borsa di studio**[15].

Va in bagno, si lava il **viso**[16], si veste con un **camice**[17] da dottore. Prende lo **zaino**[18] e la mappa di Roma, e **scende le scale**[19].

Entra nel bar sotto casa e ordina un caffè. "Buongiorno… un espresso e un croissant con crema, **per favore**[20]."

"Buongiorno! Sì, **subito**[21]! Sei americano?" risponde il barista.

"Sì, sono Leonardo da San Francisco. Studio medicina e oggi **inizio**[22] il mio tirocinio nel **reparto**[23] pediatrico dell'ospedale." **dice**[24] Leonardo.

Il barista sorride. "**Ecco**[25] un caffè e un **cornetto**[26] con crema per te, Leonardo. **In bocca al lupo**[27]!"

"Ah, 'un caffè' è un espresso e 'croissant' è cornetto in italiano!" **pensa**[28] Leonardo e prende il caffè. *"Ma cosa significa 'in bocca al lupo'?"*

Poi esce e cammina **verso**[29] l'ospedale.

L'ospedale è grande. Nel reparto pediatrico **incontra**[30] una **donna**[31] con i capelli corti e un camice bianco.

"Buongiorno! Sono Leonardo. È il mio primo giorno in ospedale." dice Leonardo **lentamente**[32].

"**Piacere**[33]. Sono la dottoressa Gabriella. Sono la tua **insegnante**[34]." dice Gabriella seria. "Il tuo italiano è... **semplice**[35], ma **va bene**[36]. Vieni con me."

Camminano in un **corridoio**[37] lungo. Leonardo guarda tutto con curiosità e pensa: *"Che grande ospedale! Ma quanti* **bambini malati**[38]*!"*

Arrivano in una **stanza**[39] con tanti studenti di medicina. Un ragazzo con un **sorriso**[40] **si avvicina**[41] a Leonardo.

"Ciao! Tu sei Leonardo?" chiede il ragazzo.

"Sì! Sono Leonardo De Angelis. Scusa, non parlo bene italiano. Sono statunitense ma mia nonna **era**[42] italiana. Tu, come ti chiami?" risponde Leonardo.

"Io sono Fabio da Genova. Siamo nello **stesso gruppo**[43] di tirocinio. **Non ti preoccupare**[44], **ti posso aiutare**[45] con l'italiano." dice Fabio gentile.

Gabriella guarda l'**orologio**[46]. "Bene. Andiamo, Leonardo e Fabio. Il **vostro primo caso**[47] è una bambina di nome Giulia. Ha **febbre**[48] da molti giorni."

Entrano nella stanza di Giulia. È una bambina con i capelli lunghi e gli occhi grandi. **Sembra stanca**[49].

"Giulia ha **spesso**[50] la febbre. Il dottore dice che è **solo**[51] influenza, ma la febbre non passa." commenta Fabio **sottovoce**[52]. "Oggi ha 38.5 (trentotto punto cinque). **Ieri**[53] 39 (trentanove)."

Leonardo guarda il **quaderno**[54] dei dottori. **Legge**[55] il nome dei **farmaci**[56]. **Non funziona nulla**[57].

Leonardo si avvicina a Giulia. "Ciao Giulia. Io sono Leonardo. **Posso sedermi**[58]?"

La bambina **annuisce**[59]. Leonardo prende la **mano**[60] di Giulia. "Come stai oggi?"

"**Ho caldo**[61]…" risponde Giulia con **voce debole**[62].

"Mangi tanti **dolci**[63]? E bevi tanto?" chiede Leonardo.

"Sì, **ho sempre fame**[64]. E ho sempre **sete**[65]." risponde Giulia stanca.

Leonardo pensa. Si alza. "Gabriella, possiamo fare un **esame**[66] per la glicemia?"

Gabriella guarda Leonardo, **fredda**[67]. "I dottori dicono che è influenza. **Non abbiamo bisogno**[68] di un esame per la glicemia."

"Ma Giulia ha sempre sete e fame. E ha la febbre. **Forse**[69] è diabete?"

Fabio **interviene per sostenere**[70] Leonardo: "È un **ottima**[71] ipotesi, Leonardo."

Gabriella non risponde ma approva con la **testa**[72]. Poi **lascia**[73] la stanza.

"Gabriella è **dura**[74]. Ma forse **hai ragione**[75]. In bocca al lupo!" dice Fabio.

Leonardo sorride: "Anche il barista mi ha detto '*in bocca al lupo*' questa mattina. Cosa significa?"

"Significa '***buona fortuna***[76]' e tu **devi rispondere** '***Crepi il lupo***[77]'!" Fabio **ride**[78].

"**Allora**[79]... crepi il lupo!" Anche Leonardo ride.

Fabio è molto **simpatico**[80] e socievole. Leonardo è **felice**[81] di essere in gruppo con lui.

Riassunto della storia

Leonardo arriva a Roma per il suo primo giorno di tirocinio pediatrico. Fa colazione al bar e incontra Gabriella, la sua insegnante, e Fabio, un collega gentile. Il loro primo caso è Giulia, una bambina con febbre.

Leonardo sospetta diabete e chiede un esame per la glicemia.

Summary of the story

Leonardo arrives in Rome for his first day of pediatric internship. He has breakfast at a café and meets Gabriella, his teacher, and Fabio, a kind colleague. Their first case is Giulia, a girl with a fever. Leonardo suspects diabetes and requests a blood sugar test.

Cultural Insight – *Caffè e cornetto al bar*

In Italia la colazione al bar è un rito semplice e veloce per iniziate la giornata (*to start the day*). Gli italiani prendono spesso un **caffè** (espresso) in una piccola tazzina (*small cup*), bevono in piedi al bancone (*standing at the counter*), e parlano con il barista. Insieme al caffè spesso mangiano un **cornetto** dolce.

Vocabolario

1	**apre**	(he) opens
2	**sole**	sun
3	**finestra**	window
4	**tirocinio**	internship

5	**guarda fuori**	(he) looks outside
6	**tante**	many
7	**per strada**	on the street
8	**sente**	(he) smells
9	**sotto casa**	next door
10	**finalmente**	finally
11	**sorride**	(he) smiles
12	**castani**	brown
13	**chiari**	light
14	**ora**	now
15	**borsa di studio**	scholarship
16	**viso**	face
17	**camice**	white coat (medical)
18	**zaino**	backpack
19	**scende le scale**	(he) goes down the stairs
20	**per favore**	please
21	**subito**	immediately
22	**inizio**	I start
23	**reparto**	ward
24	**dice**	(he) says
25	**ecco**	here
26	**cornetto**	croissant
27	**in bocca al lupo**	good luck
28	**pensa**	(he) thinks
29	**verso**	towards
30	**incontra**	(he) meets

31	**donna**	woman
32	**lentamente**	slowly
33	**piacere**	nice to meet you
34	**insegnante**	teacher
35	**semplice**	simple
36	**va bene**	it is fine
37	**corridoio**	corridor
38	**bambini malati**	sick children
39	**stanza**	room
40	**sorriso**	smile
41	**si avvicina**	(he) approaches
42	**era**	(she) was
43	**stesso gruppo**	same group
44	**non ti preoccupare**	don't worry
45	**ti posso aiutare**	I can help you
46	**orologio**	clock / watch
47	**vostro primo caso**	your first case
48	**febbre**	fever
49	**sembra stanca**	(she) looks tired
50	**spesso**	often
51	**solo**	only
52	**sottovoce**	in a low voice
53	**ieri**	yesterday
54	**quaderno**	notebook
55	**legge**	(he) reads
56	**farmaci**	medications

57	**non funziona nulla**	nothing works
58	**posso sedermi**	can I sit
59	**annuisce**	(she) nods
60	**mano**	hand
61	**ho caldo**	I'm hot
62	**voce debole**	weak voice
63	**dolci**	sweets
64	**ho sempre fame**	I am always hungry
65	**sete**	thirst
66	**esame**	exam
67	**fredda**	cold
68	**non abbiamo bisogno**	we do not need
69	**forse**	maybe
70	**interviene per sostenere**	(he) intervenes to support
71	**ottima**	excellent
72	**testa**	head
73	**lascia**	(he) leaves
74	**dura**	tough
75	**hai ragione**	you are right
76	**buona fortuna**	good luck
77	**devi rispondere 'Crepi il lupo'**	you must respond "Hope the wolf dies"
78	**ride**	(he) laughs
79	**allora**	then
80	**simpatico**	friendly
81	**felice**	happy

Domande a risposta multipla

1) Che cosa è un 'cornetto' in italiano?

   a. Una brioche con marmellata.

   b. Un croissant.

   c. Un dolce tipico.

2) Cosa significa '*in bocca al lupo*'?

   a. Prego.

   b. Buona fortuna.

   c. A presto.

3) Leonardo chiede un esame per la glicemia perché:

   a. Forse Giulia ha il diabete.

   b. Forse Giulia ha l'influenza.

   c. Forse Giulia ha un calo di zuccheri.

Risposte

1) B

2) B

3) A

CAPITOLO 1

Parte 1.2

Diagnosi inattesa - Unexpected diagnosis

Leonardo e Fabio **aspettano**[1] il **risultato**[2] dell'esame di Giulia. **Sono seduti**[3] su una **panchina**[4] nel corridoio.

"**Ho paura**[5] di sbagliare. È il mio primo giorno…" confessa Leonardo.

"Non hai sbagliato. La tua idea è **buona**[6]. Sei **attento**[7]. E sei diverso **dagli altri**[8]." risponde Fabio.

"Diverso?" chiede Leonardo.

"Sì. Tu parli con i bambini e **li ascolti**[9]. È importante." Fabio dice con un sorriso. Anche Leonardo sorride.

Arriva un'**infermiera**[10] con un **foglio**[11] in mano. "Dottor Leonardo? Questo è il risultato della glicemia di Giulia."

Leonardo prende il foglio. Guarda i numeri. "La glicemia è **alta**[12]. Molto alta."

Fabio legge il foglio e commenta: "Eh sì. È **sopra**[13] 200 (duecento). Questo **può essere**[14] diabete. Dobbiamo parlare con Gabriella subito."

Leonardo e Fabio **bussano**[15] alla porta dell'ufficio dell'insegnante. Gabriella è **lì**[16], al computer ma **non alza lo sguardo**[17].

"Scusi, dottoressa. Abbiamo il risultato dell'esame. La glicemia di Giulia è alta. Possiamo fare altri esami per il diabete?"

Gabriella **si gira**[18] lentamente. Prende il foglio e legge i risultati. Poi guarda Leonardo. "Hai fortuna. Ma forse **hai anche ragione**[19]."

"Possiamo parlare con il dottore responsabile?" chiede Fabio.

"Sì. Chiamo il Dottor Mirco. **Ci vediamo**[20] nella stanza di Giulia." Gabriella prende il telefono e chiama.

Leonardo e Fabio **tornano**[21] nella stanza di Giulia. La bambina è **ancora**[22] a letto.

Sua mamma è con lei. Ha gli occhi preoccupati e prende la mano della figlia. "**Cosa succede**[23]? Perché Giulia fa un altro esame? Lei mangia sempre tanto. Anche la notte. E ha sempre sete…"

Leonardo annuisce. "**Lo so**[24]. Per questo motivo, **stiamo controllando**[25] la glicemia. Forse ha il diabete, ma è **presto per dire**[26]."

"Dottore… devo **smettere**[27] di mangiare i dolci?" chiede Giulia con voce **debole**[28].

Leonardo sorride. "Forse sì. Ma ci sono tanti altri **cibi**[29] buoni. Possiamo **scoprirli insieme**[30] agli altri bambini."

Dopo **mezz'ora**[31], Gabriella arriva con un dottore con la testa **rasata**[32] e un viso serio, professionale. È il dottor Mirco, il superiore. "**Quindi**[33] tu sei Leonardo. Lo studente americano?"

"Sì, piacere." Leonardo **stringe la mano**[34] a Mirco.

Mirco guarda Gabriella. "Allora… questo ragazzo **ha visto**[35] **qualcosa**[36] che noi non abbiamo visto?"

Gabriella passa i risultati dell'esame a Mirco. Lui legge, poi guarda Giulia. "Giulia, **piccola**[37]… oggi facciamo un altro piccolo esame, ok?"

Giulia annuisce.

La sera, Fabio e Leonardo **decidono di**[38] prendere un **aperitivo**[39] assieme prima di cena al bar '*Il Sorpasso*' nel quartiere Prati.

"**Che giornata**[40]! **Mi sento**[41] stanco, ma felice. Grazie per il tuo supporto!" Leonardo sorride a Fabio.

"Bravo. Hai fatto un ottimo **lavoro**[42]." Fabio si complimenta con Leonardo.

"Dici che Gabriella **mi odia**[43]?" chiede Leonardo mentre **beve**[44] uno **spritz**[45].

Fabio ride: "No. Gabriella è dura, ma **sa**[46] che hai ragione. E Mirco? Lui è un mistero. Ma **ti osserva**[47]. **Propongo**[48] un **brindisi**[49] al tuo primo giorno!"

I **bicchieri**[50] di Fabio e Leonardo **si toccano**[51] e Fabio dice: "**Salute**[52]! **Cin cin**[53]!"

"Salute? Cin Cin?" Leonardo guarda Fabio **senza capire**[54].

"Significa '*cheers*' in italiano." risponde Fabio. **Tutti e due**[55] ridono.

Leonardo guarda Roma dalla finestra del bar. La città è bella, **viva**[56], **luminosa**[57]. Pensa a Giulia, ai suoi occhi, alla sua voce.

"*È solo il primo giorno...*" pensa. "*Ma forse è l'inizio di una grande avventura.*"

Riassunto della storia

Leonardo scopre che Giulia ha la glicemia alta e capisce che ha il diabete. Anche se Gabriella è dura, approva altri esami insieme al dottor Mirco. A fine giornata, Leonardo e Fabio festeggiano con un aperitivo.

Summary of the story

Leonardo discovers that Giulia has high blood sugar and realizes she has diabetes. Although Gabriella is strict, she approves further tests together with Dr. Mirco. At the end of the day, Leonardo and Fabio celebrate with an aperitivo.

Cultural Insight – Aperitivo a Prati

L'aperitivo è un drink leggero accompagnato da stuzzichini (*light snacks*) prima di cena. È parte della cultura italiana ed è un momento sociale, perfetto per parlare e rilassarsi (*relax*) tra amici. A Roma nel quartiere (*neighbourhood*) **Prati**, vicino al Vaticano, i bar offrono l'aperitivo ogni sera tra le 18 e le 20.

Vocabulary

1	**aspettano**	they wait
2	**risultato**	result
3	**sono seduti**	they are sitting
4	**panchina**	bench
5	**ho paura**	I'm scared / afraid
6	**buona**	good
7	**attento**	attentive
8	**dagli altri**	from the others
9	**li ascolti**	you listen to them
10	**infermiera**	nurse
11	**foglio**	sheet
12	**alta**	high
13	**sopra**	above
14	**può essere**	it can be
15	**bussano**	they knock
16	**lì**	there
17	**non alza lo sguardo**	(she) doesn't look up
18	**si gira**	(she) turns around
19	**hai anche ragione**	you are also right
20	**ci vediamo**	see you
21	**tornano**	they return
22	**ancora**	again
23	**cosa succede**	what is happening
24	**lo so**	I know

25	**stiamo controllando**	we are checking
26	**presto per dire**	too soon to say
27	**smettere**	to stop
28	**debole**	weal
29	**cibi**	foods
30	**scoprirli insieme**	to discover them together
31	**mezz'ora**	half an hour
32	**rasata**	shaved
33	**quindi**	so
34	**stringe la mano**	(he) shakes his hand
35	**ha visto**	(he) has seen
36	**qualcosa**	something
37	**piccola**	small
38	**di nuovo**	again
39	**aperitivo**	cocktail
40	**che giornata**	what a day
41	**mi sento**	I feel
42	**lavoro**	work
43	**mi odia**	(she) hates me
44	**beve**	(he) drinks
45	**spritz**	an Italian wine-based cocktail
46	**sa**	(she) knows
47	**ti osserva**	(he) watches you
48	**propongo**	I propose
49	**brindisi**	toast
50	**bicchieri**	glasses

51 **si toccano** they clink

52 **salute** cheers

53 **cin cin** cheers

54 **senza capire** without understanding

55 **tutti e due** both of them

56 **viva** alive

57 **luminosa** bright

Domande a risposta multipla

1) Giulia può avere il diabete perché:

a. La sua glicemia è molto alta.

b. Mangia troppi dolci.

c. Ha sempre fame e sete.

2) Come è il dottor Mirco?

a. Ha la testa rotonda e il viso serio.

b. Ha la testa rasata e il viso serio, professionale.

c. Ha la testa rasata e il viso rotondo.

3) Cosa si dice quando si fa un brindisi in italiano?

a. Salute o Cin Cin.

b. Salute o Cheers.

c. Spritz o Cin Cin.

Risposte

1) A

2) B

3) A

La merenda di Tommaso - Tommaso's snack

CAPITOLO 2

Parte 2.1

Piccolo eroe - Little hero

È **martedì**[1] mattina. Leonardo entra nel reparto pediatrico con Fabio. Il sole entra dalle finestre grandi del corridoio. C'è **silenzio**[2], alcuni bambini **stanno ancora dormendo**[3].

"Oggi abbiamo un nuovo caso. Si chiama Tommaso. Ha 5 (cinque) anni." Fabio annuncia.

"Che problema ha?" chiede Leonardo.

"**Non parla**[4]. I medici dicono che è autismo. Ma la mamma dice che Tommaso **parlava**[5] **prima**[6]. Poi, **all'improvviso**[7]... silenzio." Fabio risponde.

Leonardo apre il quaderno dei dottori. Legge la **storia**[8] clinica di Tommaso. Non **ci sono**[9] molte informazioni. Tommaso mangia bene, dorme bene, **gioca**[10] **da solo**[11]… ma non dice una **parola**[12].

"Andiamo a vedere Tommaso. Ho **alcune domande**[13] per lui." annuncia Leonardo.

"Ma dobbiamo aspettare la nostra insegnante, Gabriella…" dice Fabio.

Ma Leonardo è **già**[14] nella stanza di Tommaso. È piccola e luminosa.

Tommaso è sul letto. Guarda Leonardo, ma non dice **niente**[15]. **Accanto**[16] a lui, c'è la mamma. Sembra stanca.

"Buongiorno. Io sono Leonardo. Posso sedermi **vicino**[17] a Tommaso?" chiede Leonardo alla mamma di Tommaso.

"Buongiorno dottore! Non parla da 2 (due) **mesi**[18]. Dopo un **incidente**[19] in macchina. Nessun problema **fisico**[20], ma lui non parla **più**[21]." risponde la mamma.

"Posso sedermi qui, Tommaso?" Leonardo indica una **sedia**[22] vicino al letto.

Tommaso non risponde. Ha un **peluche**[23] di **Super Mario**[24] tra le **braccia**[25]. Ha i capelli biondi e gli occhi grandi.

"**Di giorno e di notte**[26], Tommaso **non lascia mai**[27] il suo peluche." commenta la mamma.

Leonardo prende una sedia. Si siede vicino al letto. "Ciao Tommaso. Io sono un dottore. Ma **non faccio male**[28]. Mi piacciono i peluche. Come si chiama il tuo peluche?"

Tommaso non risponde. Guarda il peluche. Poi guarda il **pavimento**[29].

Leonardo prende una **penna**[30]. **Disegna**[31] l'**uomo ragno**[32] su un foglio.

"Questo è il mio **eroe**[33] preferito. Si chiama Peter. E il tuo?"

Tommaso prende la penna. **Scrive**[34] una parola sul foglio:

Mario

Fabio **sussurra**[35]. "**Ha scritto**[36]! Non parla… ma scrive!"

Leonardo sorride. "Bravo, Tommaso. Mario è un bel nome per un eroe."

Tommaso **fa un piccolo sorriso**[37]. Guarda la mamma. Lei ha le **lacrime**[38] agli occhi. "È la prima volta che comunica… dopo tanto tempo."

Leonardo apre lo **zaino**[39]. Prende una **palla**[40] colorata. "Facciamo un **gioco**[41]? Io **lancio**[42] la palla a te, e tu **la lanci**[43] a me?"

Tommaso prende la palla. **La tiene**[44] **un attimo**[45]. Poi la lancia **piano**[46] verso Leonardo.

"Leonardo… hai fatto una **magia**[47]!" esclama Fabio.

Leonardo ride. "No. È Tommaso che è un piccolo eroe come Super Mario. Lui vuole parlare. **Ha solo bisogno**[48] di tempo… e giochi."

"**Domani**[49] possiamo organizzare una **merenda**[50] con Tommaso e Giulia, **così**[51] **si conoscono**[52] e giocano assieme." propone Fabio.

Ma in quel momento entra Gabriella. "Leonardo, Fabio, cosa fate **qui**[53] senza il mio **permesso**[54]?"

"Tommaso ha scritto una parola. E gioca!" esclama Leonardo. "Possiamo parlare con lo **psicologo**[55] dell'ospedale? Forse non è autismo, ma è **mutismo selettivo**[56]."

Gabriella guarda la scena. "È una buona idea. Posso parlare con il dottor Rizzi, lo psicologo del reparto."

Poi **aggiunge**[57] **severa**[58]. "Ma non avete rispettato le **regole**[59]. **Per questa volta**[60], **lascio passare**[61]. Tornate con gli altri studenti."

33

Leonardo e Fabio si guardano ed **escono**[62] dalla stanza.

"Che cos'è *'merenda'*?" chiede Leonardo.

"La merenda è uno snack. Pane e cioccolato, frutta, yogurt… È un momento della giornata importante e felice per i bambini e anche gli adulti." commenta Fabio.

"Ah, **capisco**[63]. Allora domani facciamo merenda con Tommaso e Giulia?" risponde Leonardo con un sorriso.

Il lavoro è difficile, ma **pieno di vita**[64].

Riassunto della storia

Leonardo incontra Tommaso, un bambino che non parla da due mesi dopo un incidente. Leonardo scopre che Tommaso può comunicare scrivendo e giocando. Propone un incontro con lo psicologo, e ipotizza mutismo selettivo. Gabriella è severa ma accetta. Fabio propone una merenda con Giulia e Tommaso.

Summary of the story

Leonardo meets Tommaso, a child who hasn't spoken for two months after an accident. Leonardo discovers that Tommaso can communicate through writing and play. He suggests a meeting with the psychologist and suspects selective mutism.

Gabriella is strict but agrees. Fabio proposes a snack time with Giulia and Tommaso.

Cultural Insight – La merenda in Italia

In Italia, la **merenda** è uno snack tra pranzo e cena, di solito nel pomeriggio. I bambini di solito (*usually*) mangiano pane con cioccolato, frutta o una fetta di torta. Anche gli adulti fanno merenda, di solito con un caffè e biscotti o frutta. È una pausa (*break*) dolce e rilassante della giornata.

Vocabulary

1	**martedì**	Tuesday
2	**silenzio**	silence
3	**stanno ancora dormendo**	they are still sleeping
4	**non parla**	(he) doesn't speak
5	**parlava**	(he) spoke
6	**prima**	before
7	**all'improvviso**	suddenly
8	**storia**	history
9	**ci sono**	there are
10	**gioca**	(he) plays
11	**da solo**	alone
12	**parola**	word
13	**alcune domande**	some questions

14 **già** already

15 **niente** nothing

16 **accanto** beside, next to

17 **vicino** near

18 **mesi** months

19 **incidente** accident

20 **fisico** physical

21 **più** anymore

22 **sedia** chair

23 **peluche** plush toy

24 **Super Mario** Super Mario (mascot of a game series)

25 **braccia** arms

26 **di giorno e di notte** by day and by night

27 **non lascia mai** (he) never leaves

28 **non faccio male** I don't hurt

29 **pavimento** floor

30 **penna** pen

31 **disegna** (he) draws

32 **uomo ragno** Spiderman

33 **eroe** hero

34 **scrive** (he) writes

35 **sussurra** (he) whispers

36 **ha scritto** (he) wrote

37 **fa un piccolo sorriso** (he) makes a small smile

38 **lacrime** tears

39 **zaino** backpack

40	**palla**	ball
41	**gioco**	game
42	**lancio**	I throw
43	**la lanci**	you throw it
44	**la tiene**	(he) holds it
45	**un attimo**	a moment
46	**piano**	gently
47	**magia**	magic
48	**ha solo bisogno**	(he) just needs
49	**domani**	tomorrow
50	**merenda**	afternoon snack
51	**così**	so
52	**si conoscono**	they get to know each other
53	**qui**	here
54	**permesso**	permission
55	**psicologo**	psychologist
56	**mutismo selettivo**	selective mutism
57	**aggiunge**	(she) adds
58	**severa**	strict
59	**regole**	rules
60	**per questa volta**	this time
61	**lascio passare**	I let this go
62	**escono**	they leave
63	**capisco**	I understand
64	**pieno di vita**	full of life

Domande a risposta multipla

1) Che diagnosi hanno fatto gli altri dottori per Tommaso?

   a. Problemi di sonno.

   b. Mutismo selettivo.

   c. Autismo.

2) Chi è l'eroe preferito di Leonardo?

   a. Super Mario.

   b. L'uomo ragno.

   c. Batman.

3) Che cos'è una 'merenda' in italiano?

   a. È un gioco per bambini.

   b. È un momento triste per i bambini.

   c. È uno snack per i bambini.

Risposte

1) C

2) B

3) C

CAPITOLO 2

Parte 2.2

La chiave è il gioco - The key is playing

È **mercoledì**[1] pomeriggio. Leonardo e Fabio entrano nella stanza di Tommaso. Portano **con sé**[2] Giulia e una piccola merenda, perfetta per la bambina che è diabetica.

"Ciao Tommaso! Oggi abbiamo una **sorpresa**[3] per te." annuncia Fabio. "Abbiamo preparato una merenda con yogurt, frutta fresca e **noci**[4]. **Ti piace**[5]?"

Tommaso non risponde, ma **fa un piccolo cenno**[6] con la testa. La mamma sorride.

"**Ti presento**[7] una nuova **amica**[8]. Si chiama Giulia. Anche lei è all'ospedale." dice Leonardo.

Giulia entra nella stanza con una **bambola**[9] in mano. "Ciao. Io sono Giulia. Tu come ti chiami?"

Tommaso non dice nulla. Ma prende una **matita**[10] e scrive su un foglio:

Tommaso

Giulia sorride: "Piacere, Tommaso. Vuoi giocare con me?"

Leonardo prende una palla colorata dallo zaino. "Facciamo un gioco: **chi**[11] ha la palla, può **fare una domanda**[12]!"

Giulia prende la palla. "Leonardo, ti piace il gelato?"

"Sì! Mi piace il gelato al 'pistaccio'!" risponde Leonardo.

Tutti ridono. "**Si dice 'pistacchio'**[13]." dice Fabio.

Poi Leonardo passa la palla a Tommaso. Il bambino **la prende**[14] e scrive su un foglio:

Cioccolato

"Ah! Anche tu **ami**[15] il gelato al cioccolato?" commenta Fabio.

Tommaso sorride. Per la prima volta, guarda negli occhi Leonardo e Fabio.

"Bravo, Tommaso. Scrivi molto bene. **Presto parlerai**[16] ancora. Hai solo bisogno di **tempo**[17] … e amici." Leonardo si complimenta con il bambino.

La mamma di Tommaso ha le lacrime agli occhi. "Grazie, dottore. Mio figlio è **già migliorato**[18]!"

Dopo la merenda, Leonardo e Fabio parlano con lo psicologo dell'ospedale, il dottor Rizzi.

"Mutismo selettivo? **Può essere**[19]. **Succede a volte**[20] dopo un trauma come un **incidente stradale**[21]. **Tutto**[22] può aiutare...un gioco, un amico, una parola scritta." commenta lo psicologo.

"Possiamo continuare con la merenda **ogni giorno**[23]? Tommaso è più felice quando gioca." chiede Leonardo.

"Certo. Il gioco è la terapia **migliore**[24], **spesso**[25] è **meglio**[26] della medicina. Anche per gli adulti." conclude il dottor Rizzi.

A fine giornata, Fabio invita Leonardo a giocare a **calcetto**[27] con altri studenti. "È una tradizione italiana **tra ragazzi**[28]. Giochiamo 5 (cinque) **contro**[29] 5 (cinque). È molto **divertente**[30]."

"Calcetto? Come il **calcio**[31], ma più piccolo?" chiede Leonardo curioso.

Fabio annuisce. "Sì! Giochiamo su un **campo**[32] piccolo, con **porte**[33] piccole e tanta **corsa**[34]. È **veloce**[35], **fa sudare**[36], ma tutti lo amano!"

Leonardo accetta l'invito. Incontra Fabio e altri studenti in un piccolo campo da calcio vicino a casa.

Tutti giocano con passione, ridono, **scherzano**[37] e **si divertono**[38].

Alcuni[39] ragazzi **indossano**[40] la **maglia**[41] della loro **squadra del cuore**[42]: **Juventus**[43], **Napoli**[44], **Inter**[45].

Durante la partita, i ragazzi **urlano**[46] **frasi tipiche**[47]: "Passa! Bravo! **Tira**[48]!"

E dopo **ogni goal**[49]… tanti **abbracci**[50]!

Fabio **fa l'occhiolino**[51] a Leonardo. "Qui in Italia, il calcetto è **quasi sacro**[52]. Anche il mercoledì sera, dopo il lavoro!"

Leonardo ride. **Si sente**[53] parte del gruppo.

Calcetto in Italia è un gioco perfetto per **dimenticare**[54] la routine **quotidiana**[55] e **mantenere**[56] le **amicizie**[57].

Dopo la **partita**[58], Fabio si avvicina a Leonardo: "Bravo, Leonardo. Hai fatto **qualcosa di speciale**[59] oggi."

"Grazie. Ma non ho fatto **nemmeno**[60] un goal." Leonardo **si asciuga il sudore**[61].

"**Intendo**[62] con Tommaso. I bambini hanno bisogno di essere ascoltati… e tu, **non solo**[63] li ascolti, ma **li capisci**[64] anche." **spiega**[65] Fabio.

Leonardo **guarda il sole tramontare**[66]. Pensa a Tommaso, a Giulia, alla merenda, alla partita di calcetto. *"La **chiave**[67] è il gioco..."*

Riassunto della storia

Leonardo e Fabio organizzano una merenda per far giocare Tommaso e Giulia. Tommaso comunica scrivendo e sorride per la prima volta. Lo psicologo conferma che il gioco è la miglior terapia. La sera, Leonardo gioca a calcetto con Fabio e altri studenti. Scopre l'importanza dello sport e dell'amicizia in Italia.

Summary of the story

Leonardo and Fabio organize a snack time to help Tommaso and Giulia play together. Tommaso communicates by writing and smiles for the first time. The psychologist confirms that play is the best therapy. In the evening, Leonardo plays five-a-side soccer with Fabio and other students, discovering the importance of sport and friendship in Italy.

Cultural Insight – Calcetto con gli amici

Il **calcetto** è una partita di calcio (*football match*) a 5 giocatori (*players*). In Italia è molto popolare tra amici e colleghi. Si gioca

(*It is played*) spesso la sera in settimana, dopo il lavoro o la scuola. È un momento per fare sport e stare insieme.

Vocabolario

1 **mercoledì** Wednesday

2 **con sé** with them

3 **sorpresa** surprise

4 **noci** nuts

5 **ti piace** you like

6 **fa un piccolo cenno** (he) makes a small nod

7 **ti presento** I introduce you to

8 **amica** friend

9 **bambola** doll

10 **matita** pencil

11 **chi** who

12 **fare una domanda** to ask a question

13 **si dice 'pistacchio'** you say 'pistacchio' (pistachio)

14 **la prende** (he) takes it

15 **ami** you love

16 **presto parlerai** soon you will speak

17 **tempo** time

18 **già migliorato** already improved

19 **può essere** that could be

20 **succede a volte** it happens sometimes

21 **incidente stradale** car accident

22	**tutto** everything
23	**ogni giorno** every day
24	**migliore** best
25	**spesso** often
26	**meglio** better
27	**calcetto** five-a-side football
28	**tra ragazzi** among boys
29	**contro** against
30	**divertente** fun
31	**calcio** football
32	**campo** field
33	**porte** goals, goal posts
34	**corsa** running
35	**veloce** fast
36	**fa sudare** (it) makes you sweat
37	**scherzano** they joke
38	**si divertono** they have fun
39	**alcuni** some
40	**indossano** they wear
41	**maglia** jersey
42	**squadra del cuore** favorite team
43	**Juventus** Torino's football team
44	**Napoli** Naple's football team
45	**Inter** Milan's football team
46	**urlano** they shout
47	**frasi tipiche** typical phrases

48 **tira** shoot

49 **ogni goal** every score, goal

50 **abbracci** hugs

51 **fa l'occhiolino** (he) winks

52 **quasi sacro** almost sacred

53 **si sente** (he) feels

54 **dimenticare** to forget

55 **quotidiana** daily

56 **mantenere** to maintain

57 **amicizie** friendships

58 **partita** match

59 **qualcosa di speciale** something special

60 **nemmeno** not even

61 **si asciuga il sudore** (he) wipes the sweat

62 **intendo** I mean

63 **non solo** not only

64 **li capisci** you understand them

65 **spiega** (he) explains

66 **guarda il sole tramontare** (he) look sta the sun that sets

67 **chiave** key

Domande a risposta multipla

1) Qual'è il gelato preferito di Tommaso?

    a. Pistacchio.

    b. Cioccolato.

    c. Frutta.

2) Come si gioca 'calcetto' in Italia?

    a. Dieci contro dieci con porte piccole.

    b. Cinque contro cinque su un campo grande.

    c. Cinque contro cinque su un campo piccolo.

3) Cosa indossano i ragazzi che giocano a calcetto?

    a. Maglie e calzoncini corti.

    b. Maglie di marca.

    c. Le maglie della loro squadra del cuore.

Risposte

1) **B**

2) **C**

3) **C**

Profumo di casa - Home's smell

CAPITOLO 3

Parte 3.1

Le erbe della nonna - Grandmother's herbs

È **giovedì**[1] mattina. Leonardo e Fabio sono nel reparto pediatrico dell'ospedale. Camminano nel corridoio verso la stanza numero 12 (dodici).

"Oggi c'è una nuova paziente. Si chiama Sofia. Ha 7 (sette) anni. I dottori dicono che è **varicella**[2]." annuncia Fabio.

"Varicella? E ha la febbre?" chiede Leonardo.

"No. Non ha febbre. Solo **prurito**[3] e **macchie**[4] sulla **pelle**[5]." risponde Fabio.

"Senza febbre? Strano..." Leonardo apre il quaderno medico e legge:

,Sofia 7 (sette) anni. Irritazione **cutanea**[6], prurito sulle **braccia**[7]. Diagnosi: varicella.

Entrano nella stanza. Sofia è sul letto. Ha una maglietta rosa e tiene in mano una **bambola**[8].

Accanto a lei c'è una signora **anziana**[9] con un **foulard**[10] colorato: è la **nonna**[11].

"Buongiorno Sofia. Io sono Leonardo. Questo è Fabio. Possiamo vedere le tue braccia?" chiede Leonardo.

Sofia **si gratta**[12] le braccia. "**Mi prudono**[13]... tanto."

"Sofia ha queste macchie da 2 (due) giorni. Ma non ha la febbre. I dottori dicono varicella..." dice la nonna di Sofia gentile.

Leonardo guarda con attenzione la pelle di Sofia. Le macchie sono rosse, ma non ci sono **bolle**[14]. Non sembrano **infettive**[15].

"Non sembra varicella... e non ci sono **croste**[16]." Leonardo **annusa delicatamente**[17] il braccio della bambina. È un **profumo forte**[18], ma familiare.

Leonardo commenta: "Conosco questo profumo! Mia nonna **usava**[19] una crema simile. Naturale, con **fiori**[20] e **piante**[21]."

La nonna di Sofia risponde: "È la crema dell'Antica **Erboristeria**[22] Romana sotto casa, in via di Torre Argentina. È naturale! Metto sempre la crema a Sofia dopo il **bagno**[23]."

"Erboristeria?" chiede Leonardo confuso.

"È un **negozio**[24] dove **vendono**[25] prodotti naturali: erbe, oli, creme…" spiega Fabio.

"Ah, interessante… Posso vedere il **barattolo**[26] della crema?"

La nonna prende dalla **borsa**[27] un piccolo barattolo verde.

Leonardo legge l'**etichetta**[28]:

Crema per il **corpo**[29] alla **calendula**[30], **camomilla**[31] e **lavanda**[32]

"Questa crema può causare allergia. **Anche se**[33] è naturale." dice Leonardo **convinto**[34].

"Ma allora non è varicella?" chiede Fabio sorpreso.

"No. Le macchie sono solo sulle braccia e sulle **gambe**[35]. Non ci sono bolle, non c'è febbre. Non è contagiosa. È una **dermatite da contatto**[36]." conclude Leonardo.

"Cosa significa?" Sofia si gratta le braccia.

"**Vuol dire**[37] che la tua pelle non ama questa crema." Leonardo spiega a Sofia con **dolcezza**[38]. "Oggi non usi la crema, **va bene**[39]? E domani vediamo se la pelle **migliora**[40]."

"Ma è naturale…" **si lamenta**[41] la nonna di Sofia.

"Sì, ma anche le piante possono dare allergia. Ma **niente paura**[42] - se è solo allergia, **guarisce**[43] presto." spiega Fabio.

Fuori dalla stanza, Fabio guarda Leonardo con ammirazione.

"Bravo. **Hai capito**[44] tutto con l'**odore**[45]!" esclama Fabio.

"È stato un **ricordo**[46]. Mia nonna usava una crema simile. Lei **diceva**[47]: '*Le erbe curano, ma solo se **sai usarle**'*[48]" ricorda Leonardo.

"Allora oggi la diagnosi è… *profumo di nonna!*" Fabio ride felice. "**Comunque**[49], meglio **non cantar vittoria**[50] ancora. Vieni, ti presento due **studentesse**[51] in tirocinio che lavorano nel laboratorio di analisi."

Fabio bussa alla porta. "Lucia, Silvia. Possiamo entrare?"

"Certo, **avanti**[52]!" dice Silvia con un sorriso. "Cosa **ti porta da queste parti**[53], Fabio?"

"Vogliamo **richiedere**[54] un test su una crema per corpo. Forse la nostra paziente è allergica." chiede Fabio gentile.

"E chi è questo dottore con te?" Lucia guarda Leonardo negli occhi. È **mora**[55] con occhi chiari.

Leonardo **trova**[56] Lucia molto 'italiana' e molto **attraente**[57]. "Sono Leonardo da San Francisco. Piacere!"

Leonardo stringe la mano a Lucia e la guarda negli occhi **imbarazzato**[58].

Silvia interrompe il momento. "I risultati **saranno pronti**[59] nel pomeriggio. **A presto**[60], **ragazzi**[61]!"

Leonardo e Fabio escono dal laboratorio felici.

Il sole entra dalla finestra del corridoio. L'aria profuma di **primavera**[62].

Riassunto della storia

Leonardo e Fabio visitano Sofia, una bambina con irritazione cutanea. La prima diagnosi è varicella. Leonardo intuisce che è un'allergia da contatto. È causata da una crema naturale che usa la nonna di Sofia. Leonardo e Fabio richiedono un test a Lucia e Silvia che lavorano nel laboratorio di analisi. Leonardo trova Lucia molto attraente.

Summary of the story

Leonardo and Fabio visit Sofia, a young girl with a skin rash. The initial diagnosis is chickenpox, but Leonardo realizes it's actually a contact allergy. The cause is a natural cream used by Sofia's grandmother. Leonardo and Fabio request a test from Lucia and Silvia in the lab. Leonardo finds Lucia very attractive.

Cultural Insight – Le erboristerie in Italia

In Italia, le erboristerie sono negozi speciali dove si vendono erbe, tisane (*herbal teas*) e prodotti naturali per la salute (*health*). Alcune seguono (*Some follow*) ricette molto antiche, anche del 1600! A Roma c'è l'**Antica Erboristeria Romana**, aperta nel 1752, famosa per tè, oli, profumi e rimedi naturali.

Vocabolario

1   **giovedì**   Thursday
2   **varicella**   chickenpox
3   **prurito**   itching
4   **macchie**   spots
5   **pelle**   skin
6   **cutanea**   cutaneous
7   **braccia**   arms

8	**bambola**	doll
9	**anziana**	elderly
10	**foulard**	scarf
11	**nonna**	grandmother
12	**si gratta**	(she) scratches herself
13	**mi prudono**	they itch
14	**bolle**	blisters
15	**infettive**	infectious
16	**croste**	scabs
17	**annusa delicatamente**	(he) sniffs gently
18	**profumo forte**	strong scent
19	**usava**	(she) used
20	**fiori**	flowers
21	**piante**	plants
22	**erboristeria**	herbalist shop
23	**bagno**	bath
24	**negozio**	shop
25	**vendono**	they sell
26	**barattolo**	jar
27	**borsa**	bag
28	**etichetta**	label
29	**corpo**	body
30	**calendula**	marigold
31	**camomilla**	chamomile
32	**lavanda**	lavender
33	**anche se**	even if

34	**convinto**	convinced
35	**gambe**	legs
36	**dermatite da contatto**	contact dermatitis
37	**vuol dire**	it means
38	**dolcezza**	gentleness
39	**va bene**	alright
40	**migliora**	(it) improves
41	**si lamenta**	(she) complains
42	**niente paura**	don't worry
43	**guarisce**	(it) heals
44	**hai capito**	you understood
45	**odore**	smell
46	**ricordo**	memory
47	**diceva**	(she) used to say
48	**sai usarle**	you know how to use them
49	**comunque**	anyway
50	**non cantar vittoria**	don't celebrate victory
51	**studentesse**	female students
52	**avanti**	come in
53	**ti porta da queste parti**	what brings you here
54	**richiedere**	to request
55	**mora**	brunette
56	**trova**	(he) finds
57	**attraente**	attractive
58	**imbarazzato**	embarrassed
59	**saranno pronti**	they will be ready

60 **a presto** see you soon
61 **ragazzi** guys
62 **primavera** Spring

Domande a risposta multipla

1) Sofia si gratta le braccia perché:

   a. Le prudono tanto.

   b. È annoiata.

   c. È imbarazzata.

2) Cosa si vende in erboristeria?

   a. Erbe e oli per cucinare.

   b. Erbe, oli, creme naturali.

   c. Piante e fiori da ornamento.

3) Chi sono Lucia e Silvia?

   a. Due studentesse che studiano matematica.

   b. Due studentesse nel laboratorio di analisi.

   c. Due principesse nel laboratorio di analisi.

Risposte

1) A
2) B
3) B

CAPITOLO 3

Parte 3.2

Cena dalla nonna - Dinner at grandma's

Dopo pranzo, Fabio e Leonardo tornano nella sala dei dottori.

Trovano[1] Gabriella e un altro studente di nome Mattia che leggono il quaderno clinico di Sofia.

Senza alzare[2] lo sguardo, Gabriella chiede: "Leonardo, ho letto la tua diagnosi. Sei **sicuro**[3] che non è varicella, **come dice**[4] Mattia?"

"Sì, dottoressa. Non ci sono bolle sulla pelle. Nessuna febbre. La crema dell'erboristeria è la causa. È un'allergia." dice Leonardo convinto.

"Crema dell'erboristeria? Diagnosi alternativa, eh? Molto... creativa." commenta Mattia con un sorriso **ironico**[5].

"Leonardo, tu sei nuovo. Non possiamo **cambiare**[6] diagnosi per un odore. Mattia ha più esperienza qui." dice Gabriella fredda.

Leonardo rimane calmo. "Capisco, dottoressa. Ma **ho chiesto**[7] un controllo della crema in laboratorio ed un esame per l'allergia di Sofia. Possiamo aspettare il risultato."

"Gabriella, Sofia non ha **nessun sintomo virale**[8]. E dopo un giorno senza la crema, la pelle **è già migliorata**[9]." interviene Fabio **deciso**[10].

Gabriella guarda i due ragazzi e **sospira**[11]. "Va bene. Aspettiamo il risultato. Ma **attenzione**[12], Leonardo. Qui **seguiamo**[13] le regole: tutti gli esami devono essere approvati da me o da Mirco."

Più tardi[14], **mentre**[15] Fabio e Leonardo controllano i nuovi pazienti, arriva la nonna di Sofia.

"Buongiorno dottori! La pelle di Sofia è molto meglio oggi. **Grazie di cuore**[16]!" sorride la nonna. "**Per ringraziarvi**[17], **vi invito**[18] a cena **stasera**[19] a casa mia. Ho preparato **qualcosa di buono**[20]!"

"**Davvero**[21]? Grazie mille! Leonardo, andiamo?" chiede Fabio felice.

"Certo! **Non posso dire di no**[22] alla cucina italiana!" risponde Leonardo.

Nel frattempo[23], Lucia porta un foglio a Leonardo e Fabio. "Ragazzi! Ecco i risultati: Sofia è allergica alla calendula. Complimenti, **avete risolto**[24] il caso!"

"Grazie, **tutto merito**[25] di Leonardo e di sua nonna." Fabio **fa l'occhiolino**[26] a Leonardo.

"Martedì prossimo ho organizzato la mia **festa di compleanno**[27] nel mio appartamento **in centro**[28]. Siete invitati!" Lucia scrive il suo **indirizzo**[29] su un foglio e **lo dà**[30] a Leonardo. Poi esce dalla stanza.

"Che bello! **Doppio**[31] invito. **Sarà divertente**[32]." dice Fabio. "Ora andiamo a **comprare**[33] un vino per la cena di stasera."

La sera, Fabio e Leonardo arrivano a casa della nonna di Sofia con una bottiglia di vino **come regalo**[34].

La nonna abita in un appartamento in un vecchio **condominio**[35] romano. Sofia apre la porta e **subito sentono**[36] un profumo buonissimo.

La nonna di Sofia **accoglie**[37] i due dottori con entusiasmo: "Avanti, avanti! Ho cucinato per voi. E niente crema **questa volta**[38], solo cibo!"

Tutti ridono. La **tavola**[09] è piena di piatti[40].

"Allora, per **primo**[41]: gnocchi alla romana. Poi, per **secondo**[42]: **saltimbocca**[43] alla romana. Per **contorno**[44]: **carciofi**[45] e **fiori di zucca fritti**[46]. Dopo, formaggio pecorino. Poi frutta: **uva**[47], mele, **mandarini**[48]. E per finire... **crostata di ricotta e visciole**[49]! E caffè, **ovviamente**[50]."

Fabio guarda Leonardo con occhi grandi: "**Benvenuto**[51] in Italia!"

"Con questo menù, voglio restare **per sempre**[52]!" ride Leonardo.

Si siedono tutti a tavola. Mangiano, parlano, ridono. La nonna **racconta**[53] storie del **passato**[54].

Sofia è seduta vicino a Leonardo. "Oggi **non mi sono grattata**[55]. La mia pelle è più felice."

Leonardo **accarezza**[56] la testa di Sofia: "Brava. Sei **forte**[57]. E hai una nonna fantastica."

A fine serata, Leonardo e Fabio salutano la nonna.

"Tornate quando volete. Qui c'è sempre un piatto per voi." La nonna saluta i due dottori.

"Grazie mille. È stata la mia prima **vera**[58] cena italiana." confessa Leonardo.

"E adesso? Un'altra diagnosi? O un'altra **fetta di torta**[59]?" **scherza**[60] Fabio.

"Una fetta di torta... e domani, un nuovo mistero da risolvere." ride Leonardo.

Riassunto della storia

Leonardo difende la sua diagnosi contro Gabriella e Mattia: Sofia non ha la varicella ma un'allergia alla crema alla calendula. Il laboratorio conferma. La nonna di Sofia invita Leonardo e Fabio a cena: gnocchi, saltimbocca, crostata... Una vera cena italiana. Anche Lucia li invita alla sua festa di compleanno la prossima settimana.

Summary of the story

Leonardo defends his diagnosis against Gabriella and Mattia: Sofia doesn't have chickenpox but an allergy to calendula cream. The lab confirms it. Sofia's grandmother invites Leonardo and Fabio to dinner: gnocchi, saltimbocca, crostata... a true Italian meal. Lucia also invites them to her birthday party next week.

Cultural Insight – La cena in Italia

In Italia, la **cena** è un momento importante da passare in famiglia o con amici. Di solito include: **primo** (pasta o riso), **secondo** (carne o pesce), **contorno** (verdure), poi **formaggio**, **frutta**, **dolce** e, alla fine, un piccolo **caffè**. Ogni tanto (*sometimes*) gli italiani bevono anche un amaro (*tonic liquor*) o un digestivo per digerire (*to digest*).

Vocabolario

1 **trovano**   they find
2 **senza alzare**   without raising
3 **sicuro**   sure
4 **come dice**   as (he) says
5 **ironico**   ironic
6 **cambiare**   to change
7 **ho chiesto**   I asked
8 **nessun sintomo virale**   no viral symptom
9 **è già migliorata**   (she) has already improved
10 **deciso**   confident
11 **sospira**   (she) sighs
12 **attenzione**   careful
13 **seguiamo**   we follow
14 **più tardi**   later
15 **mentre**   while

16   **grazie di cuore**   thank you from the bottom of my heart
17   **per ringraziarvi**   to thank you
18   **vi invito**   I invite you
19   **stasera**   this evening
20   **qualcosa di buono**   something good
21   **davvero**   really
22   **non posso dire di no**   I cannot say no
23   **nel frattempo**   in the meantime
24   **avete risolto**   you have solved
25   **tutto merito**   all thanks
26   **fa l'occhiolino**   (he) winks
27   **festa di compleanno**   birthday party
28   **in centro**   in the city centre
29   **indirizzo**   address
30   **lo dà**   (she) gives it
31   **doppio**   double
32   **sarà divertente**   it will be fun
33   **comprare**   to buy
34   **come regalo**   as a gift
35   **condominio**   apartment building
36   **subito sentono**   they immediately smell
37   **accoglie**   (she) welcomes
38   **questa volta**   this time
39   **tavola**   table
40   **piena di piatti**   full of dishes
41   **primo**   first course

42 **secondo** second course

43 **saltimbocca** an Italian dish that consists of veal, prosciutto and sage

44 **contorno** side dish

45 **carciofi** artichokes

46 **fiori di zucca fritti** fried pumpkin flowers

47 **uva** grapes

48 **mandarini** mandarins

49 **crostata di ricotta e visciole** ricotta and sour cherry tart

50 **ovviamente** obviously

51 **benvenuto** welcome

52 **per sempre** forever

53 **racconta** (she) tells

54 **passato** past

55 **non mi sono grattata** I haven't scratched myself

56 **accarezza** (he) caresses

57 **forte** strong

58 **vera** real

59 **fetta di torta** slice of cake

60 **scherza** (he) jokes

Domande a risposta multipla

1) Cosa pensa Mattia della diagnosi di Leonardo?

    a. Che è alternativa e creativa.

    b. Che è giusta e creativa.

    c. Che va contro le regole.

2) Perché la nonna di Sofia invita i due dottori a cena?

    a. Per festeggiare il suo compleanno.

    b. Perché è una cuoca.

    c. Per ringraziarli della diagnosi di Sofia.

3) Cosa comprano Leonardo e Fabio come regalo per la nonna di Sofia?

    a. Una bottiglia di vino.

    b. Una crema alla calendula.

    c. Una torta.

Risposte

1) **A**

2) **C**

3) **A**

Le mani parlano - Hands talk

CAPITOLO 4

Parte 4.1

Freddo in primavera - Cold in Spring

È **venerdì**[1] mattina. Leonardo e Fabio entrano nel reparto pediatrico. Arriva una nuova **ambulanza**[2].

"Oggi abbiamo un nuovo paziente. Si chiama Amit. Ha 10 (dieci) anni." annuncia Fabio.

"Che problema ha?" chiede Leonardo.

Fabio legge le note del **paramedico**[3]. "Febbre alta e **torcicollo**[4]. Dopo una **partita di pallavolo**[5]."

Perplesso, Leonardo guarda Fabio. "Una partita **all'aperto**[6]?"

"No, in **palestra al chiuso**[7]. Ma la mamma di Amit ha detto che **c'era**[8] l'aria condizionata[9] e Amit **ha preso freddo**[10]." commenta Fabio.

Leonardo è **ancora più perplesso**[11]. "Le persone n**on si ammalano**[12] per l'aria condizionata - si ammalano per **batteri**[13] e virus."

Fabio ride e **fa un gesto**[14] italiano con le **dita**[15] che significa '*paura*[16]'. "In Italia abbiamo paura del freddo. Non vogliamo **nemmeno**[17] uscire di casa con i **capelli bagnati**[18] in **estate**[19]. Mia mamma mi dice **ancora adesso**[20]: '*se prendi freddo, ti ammali!*'"

Leonardo ride ed imita il gesto con la mano.

Entrano nella stanza di Amit. È un ragazzo **magro**[21], con la pelle scura e gli occhi grandi. La sua famiglia è di origini indiane.

Amit è seduto sul letto, ha una **sciarpa intorno al collo**[22].

"Ciao Amit. Come ti senti?" chiede Leonardo con un sorriso.

Amit risponde debole: "Ho freddo. E **mi fa male**[23] il collo."

Fabio misura la febbre: 39.5 (trentanove punto cinque). Molto alta.

Leonardo guarda il collo di Amit: è rigido. "Fabio…Amit **non riesce**[24] a **piegare**[25] bene il collo. Questo è più di un semplice **raffreddore**[26]."

"A cosa stai pensando?" Fabio è preoccupato.

"Alla meningite." Leonardo risponde serio.

"Meningite?!" Fabio **apre**[27] gli occhi grandi e **porta**[28] le mani sulla testa, un altro gesto tipico italiano per **indicare** '*stupore*'[29].

Poi si avvicina alla mamma di Amit. "Scusi signora… Amit ha fatto il **vaccino**[30] contro la meningite?"

La mamma **scuote**[31] la testa. "No. Non abbiamo fatto il vaccino contro la meningite perché in India è molto **costoso**[32]."

Leonardo guarda Fabio. "Dobbiamo fare subito il test."

Leonardo esce **velocemente**[33] e va nell'ufficio di Gabriella. Nell'ufficio ci sono Mattia ed altri studenti.

"Dottoressa Gabriella, il nuovo paziente, Amit, può avere la meningite. Possiamo fare il test del **sangue**[34]?" dice Leonardo.

"Quali **sintomi**[35] ha Amit?" chiede Gabriella, **scettica**[36].

"Torcicollo e febbre molto alta. Ha giocato una partita di pallavolo e **si è sentito male**[37]." risponde Fabio.

"Torcicollo? Febbre? È solo influenza. Leonardo, sei sempre **allarmista**[38]..." commenta Mattia.

"Forse Mattia ha ragione. **Non esageriamo**[39], Leonardo." Gabriella non sembra preoccupata.

Leonardo è molto **arrabbiato**[40], ma resta calmo. "Se aspettiamo **troppo**[41], Amit può **peggiorare**[42]. È un rischio troppo grande."

In quel momento entra il dottor Mirco nell'ufficio. "Che succede?"

"Dottore, ho chiesto un test urgente per **sospetta**[43] meningite per il nuovo paziente, Amit." dice Leonardo.

Mirco guarda le note del paramedico su Amit. "Bene. Facciamo il test. Subito."

Dopo la discussione, Leonardo e Fabio vanno in **pausa pranzo**[44] alla **mensa**[45]. Lucia e Silvia si siedono con loro.

"Come va, ragazzi?" chiedono Lucia e Silvia.

Leonardo **sospira**[46]. "**Abbiamo discusso**[47] con Gabriella oggi. Non capisco... sembra sempre arrabbiata con noi."

"Gabriella è **così con tutti**[48]. Ma non è **cattiva**[49]." Silvia risponde. "**Da giovane**[50], da un piccolo **paese**[51] nelle Marche **si è trasferita**[52] qui a Roma da sola per studiare medicina, **lasciando**[53] famiglia, amici… anche il suo **fidanzato**[54]. **Non è stato**[55] facile."

"I professori **dicevano**[56]: '*Una donna non può fare il capo reparto*[57]'. Gabriella ha lavorato il doppio per **dimostrare**[58] il contrario." aggiunge Lucia.

Fabio è pensieroso. "**Quindi**[59] ora… ha paura che **un uomo prenda il suo posto**[60]?"

Leonardo imita il gesto italiano con le dita che significa '*paura*'. Tutti ridono.

Poi Lucia conclude: "Forse ha paura. Ma anche se **non lo mostra**[61], Gabriella ammira il vostro lavoro."

Riassunto della storia

Leonardo sospetta meningite in Amit, un bambino con febbre alta e torcicollo. Gabriella e Mattia sono scettici, ma Mirco autorizza il test. In pausa pranzo in mensa, Lucia e Silvia spiegano che Gabriella è severa perché ha lavorato molto come donna per diventare una dottoressa a Roma e ha lasciato famiglia, amici e fidanzato nelle Marche.

Summary of the story

Leonardo suspects meningitis in Amit, a child with a high fever and stiff neck. Gabriella and Mattia are skeptical, but Mirco authorizes the test. During their lunch break, Lucia and Silvia explain that Gabriella is strict because she worked hard as a woman to become a doctor in Rome, leaving behind her family, friends, and boyfriend in the Marche region.

Cultural Insight – I gesti italiani

In Italia le persone usano molti **gesti** quando parlano per farsi capire meglio (*to make themselves better understood*). Una teoria dice che in tempi antichi (*in ancient times*) nelle **città affollate** (*crowded*) le persone dovevano gesticolare molto per attirare (*to attract*) attenzione. Un'altra teoria dice che, durante le **occupazioni straniere** (*foreign invasions*), i gesti servivano (*were used*) per comunicare senza farsi capire (*without being understood*).

Vocabulary

1   **venerdì**   Friday
2   **ambulanza**   ambulance
0   **paramedico**   paramodio
4   **torcicollo**   stiff neck

5   **partita di pallavolo**   volleyball match

6   **all'aperto**   outdoors

7   **palestra al chiuso**   indoor gym

8   **c'era**   there was

9   **aria condizionata**   air conditioning

10   **ha preso freddo**   (he) caught a chill

11   **ancora più perplesso**   even more puzzled

12   **non si ammalano**   they don't get sick

13   **batteri**   bacteria

14   **fa un gesto**   (he) makes a gesture

15   **dita**   fingers

16   **paura**   fear

17   **nemmeno**   not even

18   **capelli bagnati**   wet hair

19   **estate**   Summer

20   **ancora adesso**   still now

21   **magro**   thin

22   **sciarpa intorno al collo**   scarf around the neck

23   **mi fa male**   (my neck) hurts

24   **non riesce**   (he) can't

25   **piegare**   to bend

26   **raffreddore**   cold

27   **apre**   (he) opens

28   **porta**   (he) brings

29   **indicare 'stupore'**   to indicate 'astonishment'

30   **vaccino**   vaccine

31	**scuote**	(she) shakes
32	**costoso**	expensive
33	**velocemente**	quickly
34	**sangue**	blood
35	**sintomi**	symptoms
36	**scettica**	skeptical
37	**si è sentito male**	(he) felt ill
38	**allarmista**	alarmist
39	**non esageriamo**	let's not exaggerate
40	**arrabbiato**	angry
41	**troppo**	too long
42	**peggiorare**	to worsen
43	**sospetta**	suspected
44	**pausa pranzo**	lunch break
45	**mensa**	canteen
46	**sospira**	(he) sighs
47	**abbiamo discusso**	we argued
48	**così con tutti**	like that with everyone
49	**cattiva**	mean
50	**da giovane**	when she was young
51	**paese**	town
52	**si è trasferita**	(she) moved
53	**lasciando**	leaving
54	**fidanzato**	fiancé
55	**non è stato**	it hasn't been
56	**dicevano**	they said

57	**capo reparto**	head of department
58	**dimostrare**	to prove
59	**quindi**	so
60	**un uomo prenda il suo posto**	a man takes her place
61	**non lo mostra**	(she) doesn't show it

Domande a risposta multipla

1) Secondo la mamma di Amit, il bambino è ammalato per:

  a. L'umidità di roma.

  b. La partita di pallavolo.

  c. L'aria condizionata in palestra.

2) Amit non ha fatto il vaccino contro la meningite perché:

  a. È molto costoso in India.

  b. Non esiste in India.

  c. La mamma non voleva fare il vaccino.

3) Perché Gabriella si è trasferita dalle Marche a Roma?

  a. Per studiare medicina.

  b. Per lasciare la famiglia, gli amici, il fidanzato.

  c. Per problemi di salute.

Risposte

1) C

2) A

3) A

CAPITOLO 4

Parte 4.2

L'anima dell'Italia - The Italian soul

Il laboratorio fa il test del sangue. Dopo un'**ora**[1], arriva il risultato. Fabio legge: "È positivo. È meningite!"

Leonardo **chiude**[2] gli occhi per un momento. Poi sorride **leggermente**[3]. "**Abbiamo fatto in tempo**[4]. Amit adesso **riceverà**[5] la **cura giusta**[6]."

Anche Gabriella legge il risultato dell'esame. Guarda Leonardo senza parlare. Ma nel suo sguardo c'è rispetto.

Mattia, **invece**[7], **alza le spalle**[8] e **abbassa**[9] lo sguardo, visibilmente irritato.

Leonardo e Fabio tornano nella stanza di Amit. Il ragazzo è ancora debole, ma sorride un po'.

"Amit, **stai tranquillo**[10]. Ora sappiamo cosa hai. **Ti aiuteremo**[11] a **guarire**[12]." annuncia Leonardo.

Amit sta mangiando una merenda con pane e cioccolato e **non riesce**[13] a parlare. Ma sorride, porta il dito alla **guancia**[14], e fa il tipico gesto italiano di *'che buono*[15]*!'.*

Tutti ridono e la mamma di Amit commenta: "Amit è nato in India, ma è 100% (cento per cento) italiano. Parla con le mani!"

Leonardo sorride. Anche lui, **piano piano**[16], sta imparando i piccoli gesti italiani: le mani che parlano.

La mamma di Amit ringrazia i due giovani medici: "Grazie mille, dottori. Senza di voi, forse Amit..." e fa il gesto del *'capùt*[17]*'* con la mano al collo.

"È stato un **lavoro di squadra**[18]. E Amit è molto forte." commenta Fabio.

Quando i due dottori **si allontanano**[19] dalla stanza, Leonardo chiede: "Cosa significa il gesto con la mano al collo? *'Capùt'*?"

Fabio **scoppia a ridere**[20] e propone un'idea. "Leonardo, **perché non**[21] andiamo al cinema stasera? C'è un vecchio **film**[22] divertente con Roberto Benigni. Si chiama *Johnny Stecchino*. **Capirai**[23] cosa significa *'capùt'.*"

"Certo! Ho bisogno di ridere dopo questa giornata intensa." aoootta Loonardo.

Dopo il lavoro, Fabio e Leonardo vanno insieme al piccolo cinema del **quartiere**[24].

Mentre **passeggiano**[25], Fabio propone: "Passiamo per Piazza di Spagna prima del film. È molto famosa. Vieni!"

"**Volentieri**[26]!" accetta Leonardo.

Piazza di Spagna è bellissima, tutta illuminata e decorata con **fiori**[27] rosa e bianchi in onore della **primavera**[28]. È un **luogo**[29] ideale per incontrare amici, **fare due chiacchiere**[30], mangiare qualcosa o, semplicemente, **riposare**[31].

Fabio e Leonardo vedono una nonna che **grida**[32] alla **nipote**[33]: "Ma esci con i capelli bagnati? Vuoi **ammalarti**[34]?"

Poi fa un gesto con la mano **davanti al viso**[35], come a dire: "*Sei matta*[36]?"

Fabio ride: "Hai visto? In Italia il freddo è un **nemico**[37] pubblico!"

Leonardo imita il gesto: "Sto imparando... anche i gesti!"

Arrivano al cinema e si siedono con pop-corn e coca cola in mano.

Il film inizia. Roberto Benigni **fa ridere**[38] tutta la **sala**[39] con le sue espressioni **buffe**[40] e i gesti esagerati.

Ad un certo punto[41], Benigni fa il famoso gesto del '*capùt*': porta la mano al collo per dire '***ti taglio la gola**[42] con un coltello[43]!*'

Leonardo ride forte.

"Hai capito ora cosa significa il gesto del '*capùt*'?" chiede Fabio.

"Certo! Oggi **volevo**[44] fare il gesto del '*capùt*' a Mattia e a Gabriella. **Mi hanno fatto veramente arrabbiare**[45]." Leonardo imita il gesto.

Fabio e Leonardo scoppiano a ridere. Tutto il cinema guarda i due amici, ma loro continuano a ridere felici.

Leonardo capisce che **non sta solo imparando**[46] la lingua italiana. Sta imparando l'**anima**[47] dell'Italia.

Riassunto della storia

Leonardo e Fabio scoprono che Amit ha la meningite e iniziano subito la cura. Gabriella, in silenzio, mostra rispetto per Leonardo. Fabio invita Leonardo al cinema per vedere *Johnny Stecchino* e spiegargli il gesto del "capùt". Leonardo sta imparando non solo la lingua italiana ma anche I gesti e la cultura italiana.

Summary of the story

Leonardo and Fabio discover that Amit has meningitis and immediately begin treatment. Gabriella, silently, shows respect for Leonardo. Fabio invites him to the cinema to watch *Johnny Stecchino* and explains the meaning of the "capùt" gesture. Leonardo is learning not just the Italian language, but also its gestures and culture.

Cultural Insight – Il gesto 🤌 in Italia

Questo è il gesto (e emoji) italiano più famoso! Si fa (*you do it*) con tutte le dita della mano unite (*hand fingers together*) e con il palmo verso l'alto (*upwards*). Vuol dire: **"Ma cosa stai dicendo?** (*what are you saying*?)" o **"Sei serio?"**. Si usa quando qualcuno dice qualcosa di (*something*) strano o assurdo.

Vocabulary

1 **ora**   hour
2 **chiude**   (he) closes
3 **leggermente**   slightly
4 **abbiamo fatto in tempo**   we made it in time
5 **riceverà**   (he) will receive
6 **cura giusta**   right treatment

7   **invece**   instead

8   **alza le spalle**   (he) shrugs

9   **abbassa**   (he) lowers

10   **stai tranquillo**   stay calm

11   **ti aiuteremo**   we will help you

12   **guarire**   to heal

13   **non riesce**   (he) can't, doesn't manage

14   **guancia**   cheek

15   **che buono**   how good

16   **piano piano**   little by little

17   **capùt**   a typical Italian gesture meaning 'you are dead to me'

18   **lavoro di squadra**   teamwork

19   **si allontanano**   they walk away

20   **scoppia**   (he) bursts into laughing

21   **perché non**   why not

22   **film**   movie

23   **capirai**   you will understand

24   **quartiere**   neighbourhood

25   **passeggiano**   (they) walk, stroll

26   **volentieri**   gladly

27   **fiori**   flowers

28   **primavera**   Spring

29   **luogo**   place

30   **fare due chiacchiere**   to have a chat

31   **riposare**   to rest

32 **grida** (she) shouts

33 **nipote** granddaughter

34 **ammalarti** to get sick

35 **davanti al viso** in front of her face

36 **sei matta** are you crazy

37 **nemico** enemy

38 **fa ridere** (he) makes laugh

39 **sala** hall

40 **buffe** funny

41 **ad un certo punto** at a certain point

42 **ti taglio la gola** I cut your throat

43 **coltello** knife

44 **volevo** I wanted

45 **mi hanno fatto veramente arrabbiare** they really made me angry

46 **non sta solo imparando** he is not only learning

47 **anima** soul

Domande a risposta multipla

1) Piazza di Spagna è decorata di fiori:

   a. In onore di Roberto Benigni.

   b. In onore della primavera.

   c. Per i turisti.

2) Secondo alcuni italiani, se esci con i capelli bagnati:

   a. Sei pazzo.

   b. Ti guardano tutti male.

   c. Ti ammali.

3) Cosa significa il gesto del 'capùt'?

   a. 'Ti taglio la gola' ovvero 'sei finito'.

   b. 'Ti taglio la gola' ovvero 'ti voglio bene'.

   c. 'Mi fa male la gola'.

Risposte

1) B

2) C

3) A

Un cuore arrabbiato - An angry heart

CAPITOLO 5

Parte 5.1

Il dispetto di Mattia - Mattia's teasing

È **lunedì**[1] mattina. Il sole entra dalle finestre del reparto pediatrico. Leonardo si mette il camice e controlla la lista dei pazienti.

"Oggi seguiamo il caso di Chiara. Ha 12 (dodici) anni. È molto stanca **da settimane**[2]." annuncia Fabio.

"Che diagnosi hanno fatto gli altri dottori?" chiede Leonardo curioso.

"**Anemia**[3]. Ma non sono **sicuri**[4]." Fabio passa il quaderno clinico a Leonardo.

Leonardo prende il quaderno e legge:

Chiara, 12 (dodici) anni. Sintomi: **stanchezza**, **pallore**, **perdita di peso**.[5]

Sente che qualcosa **non è giusto**[6]. "Strano. E gli esami del sangue?"

Fabio alza le spalle. "Risultati **un po' strani**[7] anche dagli esami del sangue..."

Leonardo annuisce. È **deciso a capire**[8] meglio.

Va verso la stanza di Chiara e bussa alla porta. "Ciao Chiara. Io sono Leonardo e lui è Fabio. Come stai oggi?"

Chiara è seduta sul letto. Ha i capelli scuri **raccolti in una coda di cavallo**[9]. Sembra molto magra. "Sono sempre stanca. E ho **mal di pancia**[10] dopo i **pasti**[11]."

Leonardo si siede accanto a lei. "Che cosa ti piace mangiare?"

"Pizza... pasta... pane...focaccia..." risponde subito Chiara.

Leonardo ascolta con attenzione. Inizia a pensare a una possibile **intolleranza alimentare**[12].

In quel momento, entra Mattia nella stanza. "Non preoccuparti, Chiara. È solo anemia. Devi mangiare **più carne**[13]."

Leonardo **alza un sopracciglio**[14] e dice calmo: "Forse dobbiamo fare altri esami. Meglio essere sicuri."

Mattia **scuote**[15] la testa. "**Non serve perdere tempo**[16]. Anemia **e basta**[17]."

Chiara guarda confusa Leonardo e Mattia.

Leonardo sorride alla bambina per **rassicurarla**[18]. "Non ti preoccupare, Chiara. Facciamo insieme **dei piccoli controlli**[19], ok? Il Dottor Mattia è solo **geloso**[20] di me."

Chiara annuisce piano. Mattia diventa **pallido**[21] e non sa cosa dire. Così esce dalla stanza.

Dopo la visita, Fabio si avvicina a Leonardo nel corridoio: "Wow! Sei stato **coraggioso**[22] con Mattia. Lui **ti ha interrotto apposta**[23]. **Non ti vuole far brillare**[24]."

"**Non importa**[25]. Io penso alla **salute**[26] di Chiara." dice Leonardo tranquillo.

Fabio sorride: "Bravo. Tu lavori con il **cuore**[27], non con l'**orgoglio**[28]."

Dopo pranzo, Leonardo e Fabio decidono di **fare una passeggiata**[29] sul Lungotevere.

Il sole **brilla**[30] sull'acqua e il cielo è azzurro. Camminano piano, **respirando**[31] l'aria fresca.

Fabio indica un **castello**[32]. "Guarda! Ecco Castel Sant'Angelo. Sembra una **fortezza delle fiabe**[33] ma **in passato**[34] era una **prigione e luogo di tortura**[35]."

Guardano il panorama dal ponte: il fiume, i **gabbiani**[36], i palazzi antichi.

Mentre camminano, si avvicinano a una **coppia**[37] che **sta litigando ad alta voce**[38].

La donna grida: "**Tu non mi ascolti mai**[39]! Parlo e tu guardi il telefono!"

L'uomo risponde: "Non è vero! **Esageri**[40] sempre!"

La donna **gesticola**[41] con le mani, lui alza le **braccia al cielo**[42]. Continuano a gridare con **emozione**[43].

Fabio ride: "In Italia **litigare**[44] in pubblico è… normale. Anche al bar, in famiglia, in macchina… **lo facciamo**[45] con passione!"

Leonardo è **incuriosito**[46] e guarda ancora la coppia. Dopo **qualche secondo**[47], la donna e l'uomo **si abbracciano**[48] e ridono forte.

"Sicuramente i **litigi**[49] in pubblico in Italia sono molto animati e...divertenti. Qui, i **sentimenti**[50] escono. Anche quelli arrabbiati." commenta Leonardo, ridendo.

Continuano a camminare lungo il Tevere. Roma è lì: bella, **rumorosa**[51], piena di emozioni. **Proprio**[52] come le persone che vivono qui.

Riassunto della storia

Leonardo e Fabio incontrano Chiara, una bambina stanca da settimane. Mattia dice che è anemia e offende Leonardo, ma Leonardo sospetta un'intolleranza alimentare. Nel pomeriggio, Fabio e Leonardo passeggiano sul Lungotevere e osservano una coppia litigare animatamente in pubblico. Leonardo è incuriosito dai litigi italiani.

Summary of the story

Leonardo and Fabio meet Chiara, a girl who has been tired for weeks. Mattia insists it's anemia and mocks Leonardo, but Leonardo suspects a food intolerance. In the afternoon, Fabio and Leonardo walk along the Tiber River and observe a couple arguing passionately in public. Leonardo is intrigued by Italian-style arguments.

Cultural Insight – Castel Sant'Angelo e Lungotevere

Castel Sant'Angelo è un castello antico vicino al Vaticano. Prima era una **tomba** per alcuni imperatori romani, poi una fortezza (*fortress*) durante il Medioevo e infine (*finally*) residenza per i papi (*popes*). Dentro c'è un **passaggio segreto** che collega il castello al Vaticano. Oggi Castel Sant'Angelo è un museo e si trova (*it is located*) sul **Lungotevere**, la strada lungo il fiume (*along the river*) Tevere, perfetta per una **passeggiata romantica** con vista su Roma.

Vocabulary

1 **lunedì** Monday
2 **da settimane** for weeks
3 **anemia** anemia, blood disorder
4 **sicuri** sure
5 **stanchezza, pallore, perdita di peso** tiredness, paleness, weight loss
6 **non è giusto** (something) is not right
7 **un po' strani** a bit strange
8 **deciso a capire** determined to understand
9 **raccolti in una coda di cavallo** tied up in a ponytail
10 **mal di pancia** stomach ache
11 **pasti** meals
12 **intolleranza alimentare** food intolerance

13 **più carne** more meat

14 **alza un sopracciglio** (he) raises an eyebrow

15 **scuote** (he) shakes

16 **non serve perdere tempo** we don't need to waste time

17 **e basta** enough already

18 **rassicurarla** to reassure her

19 **dei piccoli controlli** some small checks

20 **geloso** jealous

21 **pallido** pale

22 **coraggioso** courageous, brave

23 **ti ha interrotto apposta** (he) interrupted you on purpose

24 **non ti vuole far brillare** (he) doesn't want to let you shine

25 **non importa** it doesn't matter

26 **salute** health

27 **cuore** heart

28 **orgoglio** pride

29 **fare una passeggiata** to go for a walk, stroll

30 **brilla** (it) shines

31 **respirando** breathing

32 **castello** castle

33 **fortezza delle fiabe** fairytale fortress

34 **in passato** in the past

35 **prigione e luogo di tortura** prison and torture place

36 **gabbiani** seagulls

37 **coppia** couple

38 **sta litigando ad alta voce** they are arguing loudly

39 **tu non mi ascolti mai** you never listen to me

40 **esageri** you (always) exaggerate

41 **gesticola** (she) gesticulates

42 **braccia al cielo** arms to the sky

43 **emozione** emotion

44 **litigare** to argue

45 **lo facciamo** we do it

46 **incuriosito** curious

47 **qualche secondo** a few seconds

48 **si abbracciano** they hug

49 **litigi** fights

50 **sentimenti** feelings

51 **rumorosa** noisy

52 **proprio** exactly

Domande a risposta multipla

1) Leonardo sospetta un'intolleranza alimentare per Chiara:

   a. Perché non mangia carne.

   b. Perché ha la coda di cavallo.

   c. Perché perde peso, è pallida ed stanca.

2) Secondo Fabio, Mattia ha interrotto Leonardo perché:

a. È geloso del lavoro di Leonardo.

b. È rude con le persone.

c. Non è coraggioso.

3) Secondo Leonardo, i litigi in pubblico in Italia:

a. Sono animati e divertenti.

b. Sono interessanti e normali.

c. Non sono rumorosi.

Risposte

1) C

2) A

3) A

CAPITOLO 5

Parte 5.2

Sotto la superficie - Beneath the surface

Leonardo è nell'ufficio di Gabriella. Controlla gli esami di Chiara con attenzione. Guarda i **valori**[1] del **ferro**[2], della vitamina B12, degli **anticorpi**[3].

Leonardo pensa **ad alta voce**[4]: "I valori non sono normali. Ma non è solo anemia…"

Fabio si avvicina e guarda il foglio. "Vedi questi anticorpi alti? Possono essere **celiachia**[5]."

"Bravo Fabio! Dobbiamo fare un altro test. Un test per la celiachia." Leonardo conclude deciso.

Gabriella ascolta i due ragazzi. "Bene, Leonardo. Organizza il test."

Il pomeriggio, arriva il risultato: positivo alla celiachia.

Leonardo sorride e pensa: *"Chiara non ha bisogno di mangiare più carne, come dice Mattia. Chiara ha bisogno di* eliminare il **glutine contenuto in**[6] *pane, pizza, pasta, focaccia* **e così via**[7]*."*

Leonardo e Fabio tornano da Chiara. La bambina sta leggendo un **fumetto**[8].

"Ciao Chiara! Abbiamo il risultato degli esami." sorride Leonardo.

Chiara è **speranzosa**[9]. "Allora? Cosa ho?"

"Non hai l'anemia. Hai la celiachia. È una cosa un po' **noiosa**[10], ma **possiamo gestirla**[11] bene." annuncia Leonardo.

"La celiachia significa che il tuo corpo **non sopporta**[12] il glutine. **Dovrai mangiare**[13] pasta e pane **senza glutine**[14]." spiega Fabio.

Chiara sembra triste. "**Mai più**[15] pizza?"

Leonardo sorride. "**Tranquilla**[16]! Esiste anche la pizza senza glutine. È buonissima!"

Chiara ride piano. "Allora va bene!"

La mamma di Chiara entra nella stanza. "Dottori, grazie! Da mesi **cercavamo una risposta**[17]."

Leonardo e Fabio **si scambiano**[18] uno sguardo felice. Oggi hanno aiutato **davvero**[19].

Mentre camminano verso la mensa dell'ospedale, Fabio guarda Leonardo e sussurra: "Mattia non è cattivo. È solo arrabbiato."

"Arrabbiato? Perché?" chiede Leonardo mentre prende un espresso dalla **macchinetta**[20] della mensa.

"Perché **ha perso**[21] una **borsa di studio**[22] per gli Stati Uniti **a causa del suo inglese**[23], non **lo parla**[24] molto bene. **Tu invece hai vinto**[25] una borsa di studio per venire qui in Italia. Quindi Mattia è geloso di te…" spiega Fabio.

"Capisco. Mi dispiace per lui. Non è facile **vincere**[26] una borsa di studio." dice Leonardo.

"Mattia è anche frustrato perché vive **ancora**[27] con i suoi **genitori**[28]." continua Fabio.

Leonardo alza un sopracciglio. "E allora?"

"In Italia, diciamo che Mattia è un '***mammone***[29]'. Uno che **non lascia mai**[30] la casa della mamma!" sussurra Fabio.

Leonardo ride. "Quindi Mattia è un mammone geloso!"

"Esatto! In Italia lasciamo casa dopo i 30 (trenta) anni quando **già lavoriamo**[31]." spiega Fabio.

"Negli Stati Uniti lasciamo casa **di solito**[32] prima dei 25 (venticinque) anni. Ma da noi è una **questione di indipendenza**[33]. Qui?" domanda Leonardo.

"Qui è anche culturale. I genitori sono molto **protettivi**[34]. E a casa... **si mangia meglio**[35]!" scherza Fabio.

Leonardo ride, poi propone: "Forse posso aiutare Mattia a **migliorare**[36] il suo inglese. Così può **fare di nuovo domanda**[37] per studiare negli Stati Uniti. Cosa **ne dici**[38]?" dice Leonardo.

"Una bella idea! **Chissà**[39] se Mattia è **d'accordo**[40]." Fabio **si accarezza la barba**[41], **pensieroso**[42].

I due amici continuano a **chiacchierare**[43], mentre bevono un caffè e si preparano per il prossimo caso.

Leonardo capisce che, per essere un bravo dottore, **non basta**[44] studiare.

Bisogna anche capire i cuori delle persone. **Anche quelli arrabbiati**[45].

Riassunto della storia

Leonardo scopre che Chiara ha la celiachia, non anemia. Insieme a Fabio, Leonardo rassicura la bambina e la madre. Fabio rivela che Mattia è geloso perché non ha vinto una borsa di studio per gli Stati Uniti, e frustrato perché vive ancora con i suoi genitori. Leonardo riflette sull'importanza di capire anche i cuori arrabbiati.

Summary of the story

Leonardo discovers that Chiara has celiac disease, not anemia. Together with Fabio, he reassures the girl and her mother. Fabio reveals that Mattia is jealous because he didn't win a scholarship to the United States, and frustrated because he still lives with his parents. Leonardo reflects on the importance of understanding even angry hearts.

Cultural Insight – La parola 'Mammone'

In Italia, la parola "mammone" descrive un uomo che vive ancora (*still*) con **mamma e papà** anche da adulto (*when he's an adult*). Questo fenomeno è comune: molti giovani restano (*stay*) a casa per motivi (*reasons*) economici, per lavoro o per stare vicino alla famiglia.

Vocabulary

1   **valori**   values

2   **ferro**   iron

3   **anticorpi**   antibodies

4   **ad alta voce**   out loud

5   **celiachia**   celiac disease

6   **glutine contenuto in**   gluten contained in

7   **e così via**   and so on

8   **fumetto**   comic

9   **speranzosa**   hopeful

10   **noiosa**   boring

11   **possiamo gestirla**   we can handle it

12   **non sopporta**   (it) can't stand

13   **dovrai mangiare**   you will have to eat

14   **senza glutine**   without gluten

15   **mai più**   never again

16   **tranquilla**   don't worry

17   **cercavamo una risposta**   we were looking for an answer

18   **si scambiano**   they exchange

19   **davvero**   really

20   **macchinetta**   vending machine

21   **ha perso**   (he) lost

22   **borsa di studio**   scholarship

23   **a causa del suo inglese**   because of his English

24 **lo parla** (he) speaks it

25 **tu invece hai vinto** instead you won

26 **vincere** to win

27 **ancora** still

28 **genitori** parents

29 **mammone** mama's boy

30 **non lascia mai** (who) never leaves

31 **già lavoriamo** we already work

32 **di solito** usually

33 **questione di indipendenza** matter of independence

34 **protettivi** protective

35 **si mangia meglio** one eats better

36 **migliorare** to improve

37 **fare di nuovo domanda** to apply again

38 **ne dici** (what) do you say

39 **chissà** who knows

40 **d'accordo** in agreement

41 **si accarezza la barba** (he) strokes his beard

42 **pensieroso** thoughtfully

43 **chiacchierare** to chat

44 **non basta** it's not enough

45 **anche quelli arrabbiati** even those angry ones

Domande a risposta multipla

1) Cosa deve eliminare Chiara dalla sua dieta?

a. Glutine contenuto in pasta, pane e così via.

b. Glutine contenuto in carne, uova e formaggi.

c. Latticini come latte, formaggio e yogurt.

2) Mattia ha perso la borsa di studio per gli Stati Uniti perché:

a. Non sa bene l'inglese.

b. Vive ancora con i suoi genitori.

c. È un mammone.

3) A che età gli italiani lasciano la casa dei genitori?

a. Tra i venti e i venticinque anni.

b. Prima dei venticinque anni.

c. Dopo i trent'anni.

Risposte

1) A

2) A

3) C

Compleanno in ospedale - Birthday in hospital

CAPITOLO 6

Parte 6.1

Torta e diagnosi - Cake and diagnosis

È martedì mattina. Fabio legge la lista dei pazienti in reparto. "Oggi abbiamo un caso speciale. Si chiama Edoardo. Oggi è il suo **compleanno[1]**!"

"Compleanno in ospedale? **Che peccato[2]**..." commenta Leonardo. Poi propone: "Perché non **compriamo[3]** un **biglietto di auguri[4]** a Edoardo?"

"Che bella idea! **Magari[5]** Edoardo **ci offre[6]** una **fetta di torta[7]**!" Fabio scherza e Leonardo ride.

Entrano nella stanza di Edoardo. È un bambino di 8 (otto) anni, con i capelli **ricci**[8] e un grande sorriso.

Edoardo è seduto sul letto, e gioca con le **macchinine**[9].

"Ciao Edoardo! **Auguri**[10]! Come ti senti oggi?" Leonardo **consegna**[11] il biglietto di auguri a Edoardo con **scritto**[12]:

Buon Compleanno Edoardo!

Edoardo **fa una smorfia**[13]: "Grazie! Ma sento le **farfalle**[14] nello stomaco…"

"Farfalle? Forse sei **innamorato**[15]?" Fabio sorride.

Edoardo ride ma poi **si tocca**[16] la **pancia**[17]: "No… **fa male**[18]…"

Leonardo si siede vicino al letto e controlla la pancia **gonfia**[19] di Edoardo. Poi guarda il papà di Edoardo: "Quando è iniziato il **dolore**[20], signore?"

"Domenica. Dopo la festa di compleanno." risponde il padre. "Abbiamo fatto una **grande festa**[21]. Tanti amici, tanti **parenti**[22]. E tanto **cibo**[23]!"

"Che bello! Cosa avete mangiato?" chiede Fabio.

"**Pizzette, tramezzini, panzerotti, cannoli**[24], gelato, **arancini**[25]...tutto preparato da una **compagnia di catering**[26]." risponde il papà di Edoardo.

"Che festa grande! **Sarà costato**[27] tanto!" esclama Leonardo **senza pensarci**[28].

"No, **è costato molto poco in realtà**[29]." risponde il padre, imbarazzato.

Leonardo ascolta e pensa: *"Troppo cibo per **pochi soldi**[30]... forse non tutto **pulito**[31]?"*

Poi chiede: "Edoardo, hai anche febbre?"

Edoardo **fa di no**[32] con la testa. "No. Solo dolori di stomaco."

Leonardo controlla di nuovo la pancia di Edoardo. Sente molti **rumori**[33]. "Forse non sono solo farfalle... sono **ospiti veri**[34]."

Fabio **alza un sopracciglio**[35] e sussurra: "Parassiti?"

Leonardo **fa di sì**[36] con la testa. "Facciamo un piccolo esame delle **feci**[37], ok Edoardo? Niente paura. È semplice."

Edoardo annuisce, felice di poter risolvere il problema.

Più tardi[38], Leonardo e Fabio prendono un caffè alla mensa.

Lucia si avvicina ed **abbraccia**[39] Leonardo e poi Fabio. "Stasera **non dimenticate**[40] che c'è la mia festa di compleanno!"

"**Giusto**[41]! Anche tu **compi gli anni**[42] oggi!" esclama Leonardo imbarazzato.

Quando Lucia va via, Fabio dice a Leonardo: "Non essere imbarazzato! In Italia si abbraccia o **si danno due baci**[43] quando **incontri**[44] altre persone, anche **per la prima volta**[45]."

"Due baci?" chiede Leonardo sorpreso.

"Sì! Uno sulla **guancia destra**[46], uno sulla guancia **sinistra**[47]. È tradizione." spiega Fabio.

"Oh, capisco. Negli Stati Uniti gli abbracci sono **riservati**[48] alla famiglia o amici **stretti**[49]. E i baci....solo alle persone **più care**[50]: **tra genitori e figli**[51] o **tra moglie e marito**[52]."

Poi Leonardo chiede: "E stasera, **devo portare**[53] qualcosa? Una torta, una pizza?"

"In Italia porti sempre un **regalo**[54]: fiori, vino, dolce... ma il **festeggiato**[55] paga **per tutto il resto**[56], specialmente cibo e **bevande**[57]!"

"In America è il contrario! Il festeggiato riceve regali... e non paga **mai**[58]!" Leonardo dice **stupito**[59].

"In Italia, il compleanno è una festa per gli amici. È bello offrire!" sorride Fabio.

Leonardo annuisce. Imparare una nuova cultura è come **scartare**[60] un regalo: ogni giorno una sorpresa.

Riassunto della storia

Leonardo e Fabio incontrano Edoardo, un bambino che compie gli anni in ospedale e ha mal di pancia dopo una festa con tanto cibo economico. Leonardo sospetta un'infezione da parassiti e propone un esame. Più tardi, parlano con Lucia e Leonardo scopre nuove tradizioni italiane sui compleanni e sui saluti.

Summary of the story

Leonardo and Fabio meet Edoardo, a young boy spending his birthday in the hospital with a stomachache after a party with lots of cheap food. Leonardo suspects a parasite infection and suggests a test. Later, they talk with Lucia, and Leonardo learns about new Italian traditions for birthdays and greetings.

Cultural Insight – Come salutare in Italia

In Italia, quando conosci (*you meet*) una persona per la prima volta, è comune dare **due baci sulle guance** (*kisses on the* *cheeks*): uno a destra e uno a sinistra. A volte **si abbraccia** (*one hugs*) l'altra persona. In contesti formali è più comune **stringere la mano** (*shaking each other's hands*), ad esempio tra colleghi di lavoro.

Vocabulary

1 **compleanno** birthday
2 **che peccato** what a shame
3 **compriamo** we buy
4 **biglietto di auguri** greeting card
5 **magari** maybe
6 **ci offre** (he) offers us
7 **fetta di torta** slice of cake
8 **ricci** curly
9 **macchinine** toy cars
10 **auguri** best wishes
11 **consegna** (he) hands over
12 **scritto** written
13 **fa una smorfia** (he) makes a grimace
14 **farfalle** butterflies
15 **innamorato** in love
16 **si tocca** (he) touches
17 **pancia** belly
18 **fa male** it hurts
19 **gonfia** swollen

20 **dolore** pain

21 **grande festa** big party

22 **parenti** relatives

23 **cibo** food

24 **pizzette, tramezzini, panzerotti, cannoli** mini pizzas, sandwiches, fried turnovers, cannoli

25 **arancini** typical Italian fried rice balls

26 **compagnia di catering** catering company

27 **sarà costato** it must have cost

28 **senza pensarci** without thinking

29 **è costato molto poco in realtà** it has costed very little actually

30 **pochi soldi** little money

31 **pulito** clean

32 **fa di no** (he) shakes his head (to say no)

33 **rumori** noises

34 **ospiti veri** real guests

35 **alza un sopracciglio** (he) raises an eyebrow

36 **fa di sì** (he) nods (to say yes)

37 **feci** stool sample

38 **più tardi** later

39 **abbraccia** (she) hugs

40 **non dimenticate** don't forget

41 **giusto** right

42 **compi gli anni** it is your birthday

43 **si danno due baci** they give two kisses

44 **incontri** you meet

45 **per la prima volta** for the first time

46 **guancia destra** right cheek

47 **sinistra** left

48 **riservati** reserved

49 **stretti** close

50 **più care** dearest

51 **tra genitori e figli** between parents and children

52 **tra moglie e marito** between wife and husband

53 **devo portare** I have to bring

54 **regalo** gift

55 **festeggiato** birthday person

56 **per tutto il resto** for everything else

57 **bevande** drinks

58 **mai** never

59 **stupito** amazed

60 **scartare** to unwrap

Domande a risposta multipla

1) Secondo Leonardo, Edoardo ha parassiti intestinali perché:

   a. Ha mangiato troppo cibo alla sua festa.

   b. Ha mangiato cibo troppo economico alla sua festa.

c. Non ha pulito le mani prima di mangiare.

2) Quando incontri una persona per la prima volta in Italia:

a. La abbracci o dai due baci sulle guance.

b. La abbracci o dai un bacio sulla bocca.

c. Stai lontano e non parli.

3) Chi paga cibo e bevande durante una festa di compleanno in Italia?

a. Il festeggiato.

b. Gli amici.

c. I parenti.

Risposte

1) B

2) A

3) A

CAPITOLO 6

Parte 6.2

Farfalle vere - Real butterflies

Nel pomeriggio arriva il risultato dell'esame di Edoardo.

Fabio legge i risultati e sorride. "Leonardo, hai ragione di nuovo. Edoardo ha parassiti intestinali!"

"Erano farfalle vere... ma non **quelle dell'amore[1]**!" esclama Leonardo.

Preparano subito la **cura[2]** giusta. Un semplice **sciroppo[3]** per eliminare i parassiti.

Leonardo e Fabio tornano nella stanza di Edoardo.

Leonardo saluta Edoardo con una **scatola[4]** di medicine in mano: "Ciao **campione[5]**! Abbiamo trovato **chi ti fa il solletico[6]** nella pancia."

"Chi è?" chiede Edoardo curioso.

"Piccole farfalle! **Si sono nascoste**[7] nella tua torta di compleanno." scherza Fabio. "Ma con questa medicina le farfalle **volano via**[8]."

Edoardo **ride forte**[9] e alza il **pollice in segno di vittoria**[10].

"**Tra pochi giorni**[11] **starai**[12] molto meglio. E potrai mangiare di nuovo... con attenzione!" dice Leonardo.

Dopo il **turno**[13] in ospedale, Fabio e Leonardo **si preparano**[14] per la festa di Lucia.

Leonardo ha comprato una bottiglia di vino e un **mazzo**[15] di fiori.

Fabio controlla il **pacchetto**[16] del regalo di Leonardo: "Perfetto! E **non dimenticarti**[17] i due baci o un abbraccio quando conosci qualcuno."

Leonardo fa l'occhiolino a Fabio.

Arrivano alla festa di Lucia. È in un piccolo appartamento pieno di **luci colorate**[18] e musica **con vista**[19] sulla Piazza di Trevi.

Lucia indossa un vestito rosso e ride con gli amici. È **ancora più bella**[20].

Leonardo si avvicina con il regalo in mano, con **timidezza**[21]. "Buon compleanno, Lucia!"

Lucia abbraccia Leonardo, poi Fabio. "Grazie ragazzi! Benvenuti! Mangiate, bevete, divertitevi!"

Leonardo guarda il tavolo: pizza, **torte salate**, **patatine**[22], vino, dolci, frutta... tutto offerto da Lucia.

"**Allora è vero**[23]. In Italia il festeggiato paga tutto!" Leonardo sussurra a Fabio.

"Benvenuto in Italia, amico mio!" Fabio sorride e mangia una fetta di pizza.

"Ma dov'è la torta di compleanno?" chiede Leonardo.

"Quella con le farfalle?" scherza Fabio. "Arriva più tardi con le **candeline**[24]."

Infatti, a metà serata, qualcuno **spegne**[25] la luce all'improvviso. Tutti incominciano a cantare: "**Tanti auguri a te**[26]! Tanti auguri a te! Tanti auguri a Lucia, tanti auguri a te!"

Un'amica di Lucia arriva con una torta piena di candeline **accesse**[27]. "**Dai, esprimi un desiderio**[28], Lucia!"

Lucia chiude gli occhi, poi spegne le candeline.

"Anche negli Stati Uniti esprimiamo un desiderio quando spegniamo le candeline." sorride Leonardo. "Anch'io ho un desiderio che voglio esprimere."

"**Allora**[29] dobbiamo andare alla Fontana di Trevi!" propone Lucia.

Tutti prendono le giacche e scendono in piazza.

Lucia si avvicina a Leonardo e spiega: "Alla Fontana di Trevi, se **lanci**[30] una **moneta**[31], torni a Roma. Se lanci due monete... **trovi**[32] l'amore!"

Leonardo è curioso. "E tre monete?"

Fabio ride. "Con tre monete **ti sposi**[33]!"

Arrivano davanti alla Fontana di Trevi. È bellissima, tutta illuminata. L'acqua **scorre**[34] veloce e trasparente.

Lucia prende due monete dalla **borsa**[35]. "Guarda: **schiena**[36] alla fontana e monete nella mano sinistra. Poi lancia **sopra la spalla**[37] destra."

Anche Leonardo prende due monete con la mano sinistra. Chiude gli occhi con la schiena alla fontana. Pensa a Lucia e sente le farfalle nello stomaco.

Poi lancia le due monete sopra la spalla destra. Splash!

"Due monete! Sei sicuro, Leo?" scherza Fabio.

"Molto sicuro." Leonardo **diventa rosso**[38]

Lucia guarda Leonardo e sorride **dolcemente**[39].

Roma, di notte, è magica.

Riassunto della storia

Leonardo scopre che Edoardo ha parassiti intestinali e lo cura con uno sciroppo. Dopo il turno in ospedale, Leonardo e Fabio vanno alla festa di compleanno di Lucia con vista sulla Fontana di Trevi. Leonardo segue la tradizione italiana: lancia due monete nella fontana, desiderando amore. Roma, di notte, è magica.

Summary of the story

Leonardo discovers that Edoardo has intestinal parasites and treats him with syrup. After their hospital shift, Leonardo and Fabio go to Lucia's birthday party overlooking the Trevi Fountain. Leonardo follows the Italian tradition: he throws two coins into the fountain, wishing for love. Rome, at night, is truly magical.

Cultural Insight – Il compleanno in Italia

In Italia, di solito la persona che compie gli anni (*who is celebrating his/her birthday*) invita gli amici a casa o in un ristorante per festeggiare (*to celebrate*) e **paga tutto** (*he/she pays everything*). Si festeggia (*we celebrate*) con una **torta con**

le candeline e tanto cibo. Gli amici e la famiglia portano **regali** (*gifts*) e cantano "**Tanti auguri a te**"!

Vocabulary

1   **quelle dell'amore**   the ones of love
2   **cura**   cure
3   **sciroppo**   syrup
4   **scatola**   box
5   **campione**   champion
6   **chi ti fa il solletico**   who is tickling you
7   **si sono nascoste**   they have hidden
8   **volano via**   they fly away
9   **ride forte**   (he) laughs loudly
10   **pollice in segno di vittoria**   thumb in sign of victory
11   **tra pochi giorni**   in a few days
12   **starai**   you will be
13   **turno**   shift
14   **si preparano**   they get ready
15   **mazzo**   bouquet
16   **pacchetto**   package
17   **non dimenticarti**   don't forget
18   **luci colorate**   coloured lights
19   **con vista**   with view
20   **ancora più bella**   even more beautiful
21   **timidezza**   shyness

22 **torte salate, patatine** savoury pies, chips

23 **allora è vero** so it's true

24 **candeline** little candles

25 **spegne** (someone) switch off

26 **tanti auguri a te** happy birthday to you

27 **accesse** lit

28 **dai, esprimi un desiderio** come on, make a wish

29 **allora** so

30 **lanci** you throw

31 **moneta** coin

32 **trovi** you find

33 **ti sposi** you get married

34 **scorre** it flows

35 **borsa** bag

36 **schiena** back

37 **sopra la spalla** over the shoulder

38 **diventa rosso** (he) turns red

39 **dolcemente** gently

Domande a risposta multipla

1) Fabio scherza quando dice a Edoardo che:

    a. Le farfalle si sono nascoste nella torta.

    b. Le farfalle fanno il solletico a Edoardo.

c. La torta di compleanno era piena di formiche.

2) Sia in Italia che negli Stati Uniti quando spegni le candeline sulla torta di compleanno:

   a. Esprimi un desiderio

   b. Chiudi gli occhi.

   c. Paghi la torta.

3) Cosa succede se lanci tre monete nella Fontana di Trevi?

   a. Ritorni a Roma.

   b. Ti sposi.

   c. Trovi l'amore.

Risposte

1) **A**

2) **A**

3) **B**

L'arte della bellezza - The art of beauty

CAPITOLO 7

PARTE 7.1

Trucco - Make-up or trick

È mercoledì mattina. Leonardo entra in reparto con un caffè in mano. Ha un gran sorriso e i suoi occhi brillano.

Anche Fabio **sta bevendo**[1] un caffè. "Ciao Leonardo! Come stai? Sembri **di buon umore**[2]!"

"Ah, io? Sì, sì. Sono **carico**[3]. Abbiamo una nuova paziente oggi, giusto?"

"**Beato te**[4]! Io ho un **gran mal di testa**[5]. **Ho bevuto un po' troppo**[6] ieri alla festa di Lucia. Ho proprio bisogno di questo caffè!" dice Fabio. Passa una cartella medica a Leonardo.

Leonardo legge le note degli altri dottori:

Martina. 9 (nove) anni. Difficoltà a scuola. Possibile
ADHD.

Leonardo riflette. **"Disturbo da deficit di attenzione e
iperattività[7]…"**

"Sì. Martina non riesce a **concentrarsi[8]**. **Si muove[9]** sempre.
Dimentica[10] tutto." conferma Fabio.

"Ma dorme bene? Mangia bene? Fa sport?" chiede Leonardo
curioso.

"La mamma dice che dorme poco. Mangia poco. E passa
tanto tempo da sola." risponde Fabio.

Leonardo annuisce. **"Voglio conoscerla[11]** prima di dire
qualcosa."

Entrano nella stanza. Martina è seduta sul letto. Sta giocando
con le barbie. Ha i capelli castani e occhi vivaci.

Vicino a lei, la mamma è **al cellulare[12]**.

"Ciao Martina. Io sono Leonardo. Posso sedermi?" chiede
Leonardo gentile.

"Sì " risponde Martina timida.

Leonardo indica la barbie di Martina. "Come si chiama?"

Martina continua a giocare. "Si chiama Alexia. È una **velina**[13]. Si sta preparando per il **balletto**[14] di stasera."

"Le veline sono showgirls di una famosa **trasmissione televisiva**[15] italiana, '*Striscia la Notizia*'." spiega Fabio **brevemente**[16].

"Ah, capisco." Leonardo sorride. "E a scuola, come va, Martina?"

"La **maestra**[17] dice che sono **distratta**[18]. Ma io voglio ascoltare. **Però**[19] mi sento… confusa." risponde Martina **con gli occhi bassi**[20].

Leonardo la osserva con attenzione. Martina si muove molto sulla sedia. **Si gratta**[21] spesso le mani. Ha piccole **macchie**[22] sulla pelle.

Poi nota **ombretto**[23] sugli occhi e **cipria**[24] sulle guance di Martina.

"*Strano…*" pensa Leonardo.

La mamma finisce la **telefonata**[25] e si avvicina nervosa. È una donna molto elegante con capelli e **trucco**[26] perfetti. "Martina **non ascolta mai**[27]. A scuola è un **disastro**[28]. Cosa posso fare, dottori?"

"Di solito Martina **si trucca**[29]?" chiede Leonardo.

La mamma di Martina è sorpresa dalla domanda. "Sì, si mette un po' di ombretto e cipria ogni mattina. Le piace imitare le veline."

I due dottori annuiscono e lasciano la stanza.

Dopo la visita, Fabio e Leonardo vanno in pausa alla mensa.

"Secondo te, è **davvero**[30] ADHD?" chiede Fabio.

"Non lo so. Martina è agitata, ma ha anche sintomi strani sulla pelle. Forse c'è un'altra causa." Leonardo è pensieroso. "**Propongo**[31] un esame del sangue. E... magari anche un test per **metalli**[32]."

Fabio è sorpreso. "Metalli? **Tipo ferro**[33]?"

"No, **tipo piombo**[34]. A volte **si trova**[35] nei cosmetici." spiega Leonardo.

Fabio apre gli occhi. "La mamma **diceva**[36] che Martina si trucca ogni mattina..."

"Esatto. Forse non è iperattività. Forse è **intossicazione**[37]." commenta Leonardo.

"**Accidenti**[38]... allora è un caso **più serio di quanto sembra**[39]. **Mi serve**[40] un altro caffè forte!" Fabio prende un altro espresso dalla macchinetta.

Leonardo annuisce. "**Penso di sì**[41]. **Troveremo la verità**[42]."

Riassunto della storia

Leonardo e Fabio visitano Martina, una bambina che ha difficoltà a concentrarsi. I dottori dicono che è ADHD. Leonardo nota macchie sulla pelle e trucco sul viso della bambina. Scopre che Martina si trucca ogni giorno come la madre. Sospetta un'intossicazione da piombo nei cosmetici e propone esami del sangue e test per metalli.

Summary of the story

Leonardo and Fabio visit Martina, a young girl struggling with concentration. The doctors suspect ADHD. However, Leonardo notices skin spots and makeup on her face. He learns that Martina wears makeup every day like her mother. He suspects lead poisoning from contaminated cosmetics and suggests blood tests and metal screening.

Cultural Insight – Striscia la Notizia e Le veline

'Striscia la Notizia' è un programma televisivo molto famoso in Italia. Viene trasmesso (*it is broadcasted*) la sera e parla di notizie, problemi sociali e politica in modo **divertente e satirico**. In ogni puntata (*episode*) ci sono le **veline**, due ragazze che **ballano** e portano i fogli con le notizie *(papers with the news)* ai conduttori *(hosts)*.

Vocabulary

1   **sta bevendo**   (he) is drinking
2   **di buon umore**   in a good mood
3   **carico**   energised
4   **beato te**   lucky you
5   **gran mal di testa**   bad headache
6   **ho bevuto un po' troppo**   I drank a little too much
7   **disturbo da deficit di attenzione e iperattività**   attention deficit hyperactivity disorder
8   **concentrarsi**   to concentrate
9   **si muove**   (she) moves
10   **dimentica**   (she) forgets
11   **voglio conoscerla**   I want to meet her
12   **al cellulare**   over the cellphone
13   **velina**   Italian showgirl
14   **balletto**   choreographed dance
15   **trasmissione televisiva**   TV program
16   **brevemente**   briefly
17   **maestra**   teacher
18   **distratta**   distracted
19   **però**   but
20   **con gli occhi bassi**   lowering her eyes

21 **si gratta** (she) scratches

22 **macchie** spots

23 **ombretto** eyeshadow

24 **cipria** powder

25 **telefonata** phone call

26 **trucco** makeup

27 **non ascolta mai** (she) never listens

28 **disastro** disaster

29 **si trucca** (she) puts on makeup

30 **davvero** really

31 **propongo** I propose

32 **metalli** metals

33 **tipo ferro** like iron

34 **tipo piombo** like lead

35 **si trova** (it) is found

36 **diceva** (she) was saying

37 **intossicazione** intoxication

38 **accidenti** gosh

39 **più serio di quanto sembra** more serious than what it seems

40 **mi serve** I need

41 **penso di sì Troveremo** I think so

42 **troveremo la verità** we will find the truth

Domande a risposta multipla

1) Chi sono le veline di *Striscia la Notizia*?

    a. Sono maestre a scuola.

    b. Sono ballerine professioniste.

    c. Sono showgirls nella famosa trasmissione televisiva.

2) Come si trucca Martina ogni mattina?

    a. Con ombretto sugli occhi e cipria sulle guance.

    b. Con ombretto sugli occhi e rossetto sulle labbra.

    c. Con ombretto sulle guance e cipria sugli occhi.

3) Leonardo vuole un test per metalli nel sangue di Martina perché:

    a. Sospetta intossicazione da ferro nei cosmetici.

    b. Sospetta intossicazione da piombo nei cosmetici.

    c. Sospetta ADHD per i cosmetici.

Risposte

1) C

2) A

3) B

CAPITOLO 7

PARTE 7.2

Dietro le apparenze - Behind appearances

Il giorno dopo, Leonardo e Fabio ricevono i risultati degli esami di Martina.

"**Avvelenamento**[1] da piombo. C'erano **tracce alte**[2] nel sangue…" conferma Leonardo.

Fabio lo guarda sorpreso. "Quindi **avevi ragione**[3] di nuovo. È il trucco."

Leonardo annuisce serio. "Martina è intossicata dal piombo. Forse la cipria o l'ombretto della mamma sono **contaminati**[4]."

"Incredibile. Tutti parlano di ADHD, ma nessuno **ha visto**[5] il vero problema." commenta Fabio.

"È per questo che **bisogna**[6] ascoltare, osservare… e guardare **dietro le apparenze**[7]." Leonardo fa l'occhiolino a Fabio.

Tornano nella stanza di Martina.

Leonardo saluta gentile. "Ciao Martina. Abbiamo trovato la causa del tuo **malessere**[8]."

Martina guarda Leonardo con occhi grandi. "Non sono **matta**[9]?"

Fabio sorride. "No, sei solo una bambina **sensibile**[10]. **Troppo trucco ti ha fatto male**[11]. Ora possiamo curarti."

Martina sorride e **stringe**[12] forte la sua barbie.

Anche la mamma è lì, molto **silenziosa**[13]. Abbassa lo sguardo, triste."**Non sapevo**[14]... uso **quei trucchi**[15] ogni giorno."

"A volte anche le **cose belle**[16] possono fare male. **Basta sapere**[17] come **usarle**[18]." dice Leonardo gentile.

All'ora di pranzo, Fabio propone: "Perché non andiamo al mercato di Campo de' Fiori per **pranzare**[19]?"

Il sole è alto e il mercato di Campo de' Fiori è pieno di colori: **pomodori**[20] rossi, **arance brillanti**[21], olive nere, e il profumo di pane fresco.

"Qui trovi i **migliori prodotti**[22] di Roma!" annuncia Fabio.

Da un **banco di frutta**[23] un **venditore**[24] sorride ai due dottori: "**Ragazzi belli**[25], oggi abbiamo le **fragole**[26] più dolci di tutta Italia! **Le volete assaggiare**[27]?"

Leonardo annuisce. "Perché no? Grazie!"

Il venditore **taglia**[28] due fragole e le offre ai ragazzi. "**Vedi**[29]? In Italia si compra... ma prima si assaggia!"

Leonardo sorride. È la sua prima vera **spesa**[30] in un mercato italiano.

Fabio **si guarda intorno**[31]. "Vedi tutte queste donne al mercato? Trucco perfetto, capelli **sistemati**[32]. Anche solo per andare al mercato!"

Leonardo ride. "In America andiamo al supermercato in **pigiama**[33]!"

"In Italia no! Le donne, e anche gli uomini, vogliono essere sempre **curati**[34]. Anche per andare in **palestra**[35] o in **spiaggia**[36]!"

Leonardo guarda una **signorina**[37] con **tacchi alti**[38] e **minigonna**[39] al banco dei **salumi**[40]. "È una velina **per caso**[41]?"

"**Magari**[42]!" Fabio ride. "La **bellezza**[43] è una cosa seria in Italia. **A proposito di**[44] bellezza, come trovi Lucia, la nostra collega?"

Leonardo **arrossisce**[45]. "Sicuramente è un classico esempio di bellezza italiana!"

"Ah, avevo capito che ti piace Lucia! Forse puoi **invitarla a cena**[46] una sera?" propone Fabio.

"Io e lei **da soli**[47]? Non lo so…" dice Leonardo imbarazzato.

"Ma no, Leonardo! In Italia **esci sempre in 4**[48] (quattro): tu e un amico, e lei e un'amica. Così **eviti**[49] di imbarazzare Lucia con un invito a cena da soli." spiega Fabio.

"Ah, capisco. L'amico sei tu. Ma l'amica?" chiede Leonardo.

"Perché non inviti l'amica bionda di Lucia, Silvia? Lucia con i capelli scuri e Silvia con i capelli biondi **sembrano**[50] due veline di *'Striscia la notizia'* assieme. Non pensi?" Fabio fa l'occhiolino a Leonardo.

"Hai ragione. Ok, **affare fatto**[51]!" Leonardo stringe la mano a Fabio.

Riassunto della storia

Leonardo scopre che Martina ha un'intossicazione da piombo causata dal trucco contaminato, non ADHD. Informa la madre e rassicura Martina. A pranzo, Fabio porta Leonardo al mercato di Campo de' Fiori dove Leonardo scopre abitudini italiane sul trucco, la bellezza e il cibo. Decidono di invitare Lucia e Silvia a cena.

Summary of the story

Leonardo discovers that Martina is suffering from lead poisoning caused by contaminated makeup, not ADHD. He informs the mother and reassures Martina. At lunch, Fabio takes Leonardo to the Campo de' Fiori market, where Leonardo learns about Italian habits related to makeup, beauty, and food. They decide to invite Lucia and Silvia to dinner.

Cultural Insight – I mercati italiani e Campo de' Fiori

In Italia i **mercati storici** sono luoghi vivaci dove compri frutta, verdura, fiori e prodotti tipici. Di solito hanno luogo (*they take place*) nel cuore delle città, tra edifici (*buildings*) e piazze antiche. Il mercato di **Campo de' Fiori** a Roma è un mercato storico ch ha luogo dal 1869. Qui trovi frutta e ortaggi (*veggies*) e anche pesce, fiori e specialità locali.

Vocabulary

1 **avvelenamento** poisoning
2 **tracce alte** high levels
3 **avevi ragione** you were right
4 **contaminati** contaminated
5 **ha visto** (no one) has seen
6 **bisogna** we need to
7 **dietro le apparenze** behind appearances
8 **malessere** discomfort
9 **matta** crazy
10 **sensibile** sensitive
11 **troppo trucco ti ha fatto male** too much makeup hurt you
12 **stringe** (she) squeezes
13 **silenziosa** silent
14 **non sapevo** I didn't know
15 **quei trucchi** that makeup
16 **cose belle** beautiful things
17 **basta sapere** you only need to know
18 **usarle** to use them
19 **pranzare** to have lunch
20 **pomodori** tomatoes

21 **arance brillanti** bright oranges

22 **migliori prodotti** best products

23 **banco di frutta** fruit stall

24 **venditore** vendor

25 **ragazzi belli** handsome boys

26 **fragole** strawberries

27 **le volete assaggiare** you want to taste them

28 **taglia** (he) cuts

29 **vedi** you see

30 **spesa** groceries shopping

31 **si guarda intorno** (he) looks around

32 **sistemati** well-groomed

33 **pigiama** pajamas

34 **curati** well kept

35 **palestra** gym

36 **spiaggia** beach

37 **signorina** miss

38 **tacchi alti** high heels

39 **minigonna** miniskirt

40 **salumi** cold cuts

41 **per caso** by any chance

42 **magari** I wish

43 **bellezza** beauty

44 **a proposito di** speaking of

45 **arrossisce** (he) blushes

46 **invitarla a cena** to invite her to dinner

47 **da soli** alone

48 **esci sempre in 4** you always go out in four

49 **eviti** you avoid

50 **sembrano** they seem

51 **affare fatto** deal done

Domande a risposta multipla

1) Cosa assaggiano Leonardo e Fabio al mercato?

    a. Pomodori.

    b. Fragole.

    c. Olive.

2) Leonardo dice che negli Stati Uniti si va al supermercato:

    a. Spesso anche in pigiama.

    b. Spesso con i tacchi alti e il trucco.

    c. A volta dopo il parrucchiere.

3) Fabio propone a Leonardo una cena a quattro così:

    a. Leonardo paga la cena per tutti.

    b. Non imbarazza Lucia con un invito da soli.

    c. È una serata più romantica.

Risposte

1) B

2) A

3) B

Il lupo perde il pelo - The wolf loses its fur

CAPITOLO 8

PARTE 8.1

Strano comportamento - Strange behaviour

È giovedì mattina. **Il cielo è grigio[1] e sta piovendo[2]**.

Fabio guarda fuori dalla finestra. "Oggi **piove a catinelle[3]. Marzo pazzerello: prima il sole, poi l'ombrello[4].**"

Leonardo ride. "Mi piace il mese di marzo, perché arriva la primavera! Cosa significa '*Piove a catinelle*'?"

Fabio sorride. "È un **modo di dire[5]**. Significa che piove tantissimo."

Leonardo **si toglie**[6] la giacca e prende la cartella del nuovo paziente. "Oggi abbiamo Simone. 10 (dieci) anni. Sindrome di Down. Difficoltà **respiratorie**[7]."

Fabio aggiunge: "Sì. Vive con la mamma in un **condominio**[8] vicino all'ospedale. **È venuto**[9] spesso per problemi di **tosse**[10] e **respiro corto**[11]."

"**È asmatico**[12]?" chiede Leonardo.

Fabio alza le spalle. "Forse. Ma gli esami sono sempre normali. Nessuna febbre. Nessuna infezione."

Entrano nella stanza. Simone è seduto sul letto, guarda un **cartone animato**[13]. Ha gli occhi **vivaci**[14], un **viso dolce**[15], e un **peluche a forma di cane**[16] tra le braccia.

Leonardo saluta Simone con un sorriso. "Ciao Simone! Che cartone stai guardando?"

Simone risponde **senza smettere**[17] di guardare lo **schermo**[18]: "*'Paw Patrol - **La Squadra dei cuccioli**[19]'*"

Fabio sorride. "Simone ama i cani. Ha un **cane lupo**[20] a casa. Si chiama Teo."

Leonardo si siede vicino a Simone e guarda la cartella clinica.

Poi osserva la pelle del bambino: c'è un leggero **rossore**[21] sul **collo**[22].

Leonardo sussurra: "Guarda qui, Fabio. Ha anche un po' di eczema."

Fabio annuisce: "E la mamma dice che **starnutisce**[23] spesso, anche di notte."

La mamma entra nella stanza. È una donna giovane, gentile ma visibilmente stanca. "Dottori, ogni settimana è **peggio**[24]. Simone **respira male**[25], soprattutto a casa. In ospedale **migliora**[26]."

"In ospedale migliora?" Leonardo sembra stupito.

La mamma di Simone conferma: "Sì. A casa **peggiora**[27]. Inizia a tossire, si gratta… ma qui sta bene."

Leonardo riflette. Guarda il peluche a forma di cane. Poi pensa al cane vero. "A casa Simone dorme con il cane?"

"Sì… sempre. Dormono insieme **da quando**[28] Teo **era cucciolo**[29]." risponde la mamma.

Leonardo guarda Fabio. "Forse non è un'infezione. Forse è un'allergia."

Fabio domanda **a voce bassa**[30]: "Allergia… al suo cane?"

Leonardo annuisce. "Facciamo un test per allergie. Chiediamo a Lucia e Silvia."

Leonardo e Fabio scendono nel laboratorio analisi. Dentro ci sono Lucia e Silvia, con i camici bianchi e i **guanti**[31]. Stanno preparando dei **campioni**[32] di sangue.

Leonardo saluta le due colleghe. "Ciao ragazze. Possiamo **chiedervi un favore**[33]?"

"Certo! **Di che si tratta**[34]?" chiede Lucia con un sorriso.

"Abbiamo un bambino con sindrome di Down, problemi respiratori... pensiamo a un'allergia al **pelo**[35] del cane." spiega Fabio.

Anche Silvia sorride. "**Mandateci**[36] il campione e prepariamo subito il test!"

"Grazie! E... visto che siete così efficienti, **possiamo offrirvi**[37] una cena stasera?" chiede Leonardo un po' nervoso.

Lucia alza un sopracciglio: "Una cena?"

Fabio aggiunge **in tono leggero**[38]: "Sì! Una cena **tra colleghi**[39]. Io e Leonardo... e voi due. Niente camici!"

Lucia guarda Silvia. "Ok. Ma solo se **scegliamo noi il vino**[40]!"

"Affare fatto!" Leonardo è **al settimo cielo**[41].

Riassunto della storia

Leonardo e Fabio hanno un nuovo paziente: Simone, un bambino con sindrome di Down e problemi respiratori. I sintomi migliorano in ospedale, quindi sospettano un'allergia al cane di casa. Vanno in laboratorio da Lucia e Silvia per richiedere un test e le invitano a cena. Le ragazze accettano.

Summary of the story

Leonardo and Fabio have a new patient: Simone, a child with Down syndrome and respiratory problems. Since his symptoms improve at the hospital, they suspect an allergy to the family dog. They go to the lab to request a test from Lucia and Silvia—and invite them to dinner. The girls accept.

Cultural Insight – I cani in Italia

In Italia i **cani** sono considerati parte della famiglia. Gli italiani portano spesso (*they often take*) il loro cane al parco, al bar/ristorante e perfino (*even*) in vacanza. **Molti negozi e ristoranti li accettano**. Rispetto (*in comparison to*) ad altri paesi, in Italia i cani vivono meno in giardino e più dentro casa, insieme alla famiglia.

Vocabulary

1   **il cielo è grigio**   the sky is grey

2   **sta piovendo**   it is raining

3   **piove a catinelle**   it's raining buckets

4   **marzo pazzerello: prima il sole, poi l'ombrello**   March is crazy: first the sun, then the umbrella (Italian proverbs)

5   **modo di dire**   saying

6   **si toglie**   (he) takes off

7   **respiratorie**   respiratory

8   **condominio**   apartment building

9   **è venuto**   (he) has come

10   **tosse**   cough

11   **respiro corto**   shortness of breath

12   **asmatico**   asthmatic

13   **cartone animato**   cartoon

14   **vivaci**   lively

15   **viso dolce**   sweet face

16   **peluche a forma di cane**   stuffed toy in the shape of a dog

17   **senza smettere**   without stopping

18   **schermo**   screen

19   **la squadra dei cuccioli**   pups' team

20   **cane lupo**   wolf dog

21   **rossore**   redness

22   **collo**   neck

23 **starnutisce** (he) sneezes

24 **peggio** worse

25 **respira male** (he) has troubles breathing

26 **migliora** (he) improves

27 **peggiora** (he) worsens

28 **da quando** since when

29 **era cucciolo** (he) was a puppy

30 **a voce bassa** in a low voice

31 **guanti** gloves

32 **campioni** samples

33 **chiedervi un favore** to ask you a favour

34 **di che si tratta** what is it about

35 **pelo** fur

36 **mandateci** send us

37 **possiamo offrirvi** can we offer you

38 **in tono leggero** in a light tone

39 **tra colleghi** between colleagues

40 **scegliamo noi il vino** it's us who choose the wine

41 **al settimo cielo** on cloud nine, in seventh heaven

Domande a risposta multipla

1) Che sintomi ha Simone?

    a. Rossore sulle guance

    b. Tosse e Sindrome di Down.

c. Tosse e respiro corto.

2) Da quando Simone dorme con il suo cane Teo?

    a. Da quando era cucciolo.

    b. Da quando Simone ha quattro anni.

    c. Da quando il cane Teo ha due anni.

3) Cosa significa 'essere la settimo cielo'?

    a. Essere distratto.

    b. Essere contentissimo.

    c. Essere con la testa tra le nuvole.

Risposte

1) **C**

2) **A**

3) **B**

CAPITOLO 8

PARTE 8.2

Amico a quattro zampe - Four-legged friend

Il giorno dopo arriva il risultato del test allergico.

Leonardo legge con attenzione. Poi chiama Fabio. "Confermato. Simone è allergico al pelo del cane. È **per questo**[1] che respira male a casa."

Fabio sembra triste. "Quindi il problema è il cane, Teo... e anche il suo **migliore amico**[2]."

Leonardo **sospira**[3]. "Esatto. **Non sarà facile**[4] per Simone."

I due dottori tornano nella stanza. Simone **sta disegnando**[5] un cane con una **corona**[6]. Ha scritto sotto:

*Teo, il **re della casa**[7]*

Leonardo si avvicina piano. "Simone, abbiamo una **notizia**[8]. Il tuo **corpo**[9] è un po'... allergico a Teo."

Simone lo guarda. Poi abbassa gli occhi triste. "Devo **mandare via**[10] Teo?"

"No, no! Ma forse **non può più dormire**[11] nel tuo letto. Possiamo trovare una soluzione insieme." dice Fabio con un sorriso.

La mamma **piange**[12] piano. "Teo **fa parte**[13] della famiglia. Ma vogliamo che Simone **stia bene**[14]."

"Potete usare dei **filtri**[15], lavare spesso il cane, e **tenere Teo fuori**[16] dalla camera di Simone. Così potete provare a **convivere**[17]." suggerisce Leonardo.

Simone ha un'idea. "Posso **costruire**[18] una **cuccia**[19] per Teo in **salotto**[20]!"

"Bravo! Ma tieni la **porta**[21] della tua camera chiusa...**il lupo perde il pelo ma non il vizio**[22]!" esclama Fabio.

Tutti ridono **tranne**[23] Leonardo. "Cosa significa?"

"Vuol dire che, anche se fai **cambiamenti esterni**[24], è difficile **perdere**[25] le **brutte abitudini**[26]." spiega Fabio.

"Devo dire a Teo: 'Anche se costruisco una cuccia in salotto, devi **fare il bravo**[27] e non venire in camera mia'." precisa Simone con un **tono buffo**[28].

E anche Leonardo finalmente ride.

Più tardi, Leonardo e Fabio passeggiano per Roma verso il ristorante. Fabio propone: "Vieni! **Ti porto**[29] in un **posto**[30] speciale."

Camminano per i giardini di Villa Borghese e dopo una **salita**[31] arrivano alla terrazza del Pincio. **Da lì si vede**[32] tutta Roma.

Gli occhi di Leonardo brillano. "**Che vista**[33]! Ma...quanti condomini! Qui è raro avere una **casa singola**[34], vero?"

Fabio annuisce. "Sì, è raro avere una casa indipendente in città grandi come Roma. **La maggior parte**[35] degli italiani vive in condomini come Simone, cani e **gatti**[36] inclusi."

"Negli Stati Uniti è diverso. Abbiamo **più spazio**[37]. I cani **corrono**[38] nei giardini, spesso **senza guinzaglio**[39]." dice Leonardo.

Fabio **scuote**[40] la testa. "Qui no. In città i cani devono essere **ben educati**[41]. Vanno al bar, al ristorante, **perfino**[42] in metropolitana... ma sempre con il guinzaglio!"

Leonardo sorride. "Interessante. Anche i cani italiani sono eleganti."

Dopo la passeggiata, arrivano al ristorante '*Ai Fienaroli*', dove incontrano Lucia e Silvia. Lucia ha un cucciolo bianco e morbido **in braccio**[43].

Leonardo è sorpreso. "Ma... puoi entrare al ristorante con un cane?"

"Sì, certo!" conferma Lucia. "Lui si chiama **Neve**[44]. È un Bolognese. Molto educato."

Quando il **cameriere**[45] si avvicina, Fabio chiede: "Un **tavolo**[46] per 4 (quattro), grazie!"

Il cameriere **mostra**[47] ai ragazzi un tavolo per 4 (quattro) vicino alla finestra. Le **pareti**[48] sono piene di foto di **personaggi**[49] famosi romani.

Leonardo apre il menù e legge: "'Pinsa'? **Hanno sbagliato**[50] a scrivere 'Pizza'."

"Ma no, Leonardo!" ride Fabio. "La **pinsa**[51] romana è la versione romana della pizza: **croccante, leggera**[52], fatta con **farina di riso, frumento, soia**[53] e **pasta madre**[54]. Anche questo è un piccolo segreto italiano."

Ridono tutti, mentre Neve dorme tranquillo sotto il tavolo.

"Negli Stati Uniti i cani possono entrare nei ristoranti?" chiede Silvia curiosa.

"Di solito no. Ma sto imparando che qui in Italia... tutto è possibile!" ride Leonardo.

Ridono tutti. Leonardo guarda Lucia **accarezzare**[55] il cucciolo.

Poi guarda Neve: così tranquillo, così educato, così elegante.

Sì... **decisamente**[56] un cane italiano.

Riassunto della storia

Leonardo e Fabio confermano che Simone è allergico al suo cane, Teo. Propongono soluzioni per convivere senza mandare via Teo. In serata passeggiano a Villa Borghese e discutono delle differenze tra case e animali in Italia e Stati Uniti. A cena con Lucia e Silvia, Leonardo scopre la pinsa romana e che Lucia ha un cane, molto elegante e 'italiano'.

Summary of the story

Leonardo and Fabio confirm that Simone is allergic to his dog, Teo. They suggest solutions so Simone doesn't have to part with him. In the evening, they walk through Villa Borghese and talk about the differences between homes and pets in Italy and the U.S. At dinner with Lucia and Silvia, Leonardo discovers Roman "pinsa"—and that Lucia has a very elegant, "Italian" dog.

Cultural Insight – *La pinsa romana*

La **pinsa romana** è simile alla pizza, ma ha una forma **ovale**, un impasto (*dough*) più **leggero e croccante**. È fatta con una miscela (*mix*) di **farine diverse** (grano, riso e soia) e riposa (*is left to rise*) per molte ore. È più **digeribile** della pizza e molto amata a Roma, soprattutto (*especially*) per cena.

Vocabulary

1   **per questo**   for this reason
2   **migliore amico**   best friend
3   **sospira**   (he) sighs
4   **non sarà facile**   it will not be easy
5   **sta disegnando**   (he) is drawing
6   **corona**   crown
7   **re della casa**   king of the house
8   **notizia**   news
9   **corpo**   body
10   **mandare via**   to send away
11   **non può più dormire**   (he) can't sleep anymore
12   **piange**   (she) cries
13   **fa parte**   (he) is part
14   **stia bene**   (he) is well
15   **filtri**   filters
16   **tenere Teo fuori**   to keep Teo outside

17 **convivere** to live together

18 **costruire** to build

19 **cuccia** doghouse

20 **salotto** living room

21 **porta** door

22 **il lupo perde il pelo ma non il vizio** the wolf loses its fur but not its habits

23 **tranne** except

24 **cambiamenti esterni** external changes

25 **perdere** to lose

26 **brutte abitudini** bad habits

27 **fare il bravo** to behave

28 **tono buffo** funny tone

29 **ti porto** I'll take you

30 **posto** place

31 **salita** uphill

32 **da lì si vede** from there you can see

33 **che vista** what a view

34 **casa singola** detached house

35 **la maggior parte** most

36 **gatti** cats

37 **più spazio** more space

38 **corrono** they run

39 **senza guinzaglio** without a leash

40 **scuote** (he) shakes

41 **ben educati** well behaved

42 **perfino** even

43 **in braccio** in (her) arms

44 **neve** snow

45 **cameriere** waiter

46 **tavolo** table

47 **mostra** (he) shows

48 **pareti** walls

49 **personaggi** characters

50 **hanno sbagliato** they got it wrong

51 **pinsa** typical Roman dish similar to pizza

52 **croccante leggera** crisp and light

53 **farina di riso, frumento, soia** rice, wheat and soy flour

54 **pasta madre** sourdough

55 **accarezzare** to stroke

56 **decisamente** definitely

Domande a risposta multipla

1) 'Il lupo perde il pelo, ma non il vizio' significa che:

    a. È difficile perdere le brutte abitudini senza cambiamenti esterni.

    b. È difficile perdere le brutte abitudini anche con cambiamenti esterni.

    c. È difficile cambiare abitudini con un cane lupo.

2) La maggior parte degli italiani in città vive:

    a. In condomini.

    b. In case singole.

    c. Vicino alla metropolitana.

3) Che cos'è la pinsa?

    a. È un dolce con farina di mais e mandorle.

    b. È la versione romana della focaccia.

    c. È la versione romana della pizza.

Risposte

1) **B**

2) **A**

3) **C**

Una foto dal passato - A picture from the past

CAPITOLO 9

PARTE 9.1

Doppio mistero -Double mystery

È venerdì mattina. Leonardo entra in reparto con il suo solito caffè.

Fabio **raggiunge**[1] l'amico con un **cornetto**[2] in mano. "Oggi abbiamo una nuova paziente. Si chiama Elena. 14 (quattordici) anni."

Leonardo prende la cartella clinica e legge ad alta voce: "**Battito del cuore**[3] **lento**[4]. **Visione sfocata**[5]. **Svenimenti**[6]... l'ultimo svenimento **è successo**[7] in **chiesa**[8], mentre **cantava**[9] nel **coro**[10]."

Fabio conferma: "Sì, Elena **sviene**[11] **ripetutamente**[12]. Nessuno capisce perché. Tutti pensano ad un problema al cuore."

Leonardo è pensieroso. "Con un problema al cuore, il battito cardiaco è più **veloce**[13] prima di **svenire**[14], non lento."

Entrano nella stanza. Elena è seduta sul letto, pallida ma sorridente. In mano ha una **rivista**[15] e sta leggendo un articolo sul *Festival di Sanremo*[16].

"Ciao Elena. Ti piace la musica?" Fabio indica il **giornale**[17] con un sorriso.

"Tantissimo! Voglio fare la **cantante**[18], come al *Festival di Sanremo*!" risponde Elena con gli occhi bassi ma con un sorriso.

Anche Leonardo sorride. "Fare la cantante è un lavoro bellissimo, ma **faticoso**[19] e **stressante**[20]. Come ti senti oggi?"

"Un po' stanca... ma domani c'è il coro e non voglio **mancare**[21]!" Elena abbassa di nuovo lo sguardo.

Leonardo si siede vicino al letto. "Elena, cosa senti prima di svenire?"

Elena pensa: "**Mi gira la testa**[22]... vedo tutto sfocato... e il cuore **batte**[23] lento. Poi **svengo**[24]."

Leonardo osserva la bambina. È magra, molto alta, e dice tutto con calma.

Leonardo guarda Fabio. "Non sembra un problema al cuore. Forse possono essere la **pressione**[25] o i **nervi**[26]..."

Dopo la visita, Leonardo chiede a Gabriella il **permesso**[27] di fare esami più specifici.

Gabriella annuisce, ma dice: "Chiedi anche al dottor Mirco. È lui che dà l'autorizzazione per casi complessi."

Leonardo va nell'ufficio di Mirco. Bussa ed entra. "Buongiorno dottore. Posso fare altri esami per la paziente Elena? Vorrei escludere un caso di **sincope vasovagale**[28]."

Mirco lo guarda con interesse. "De Angelis, giusto?"

Leonardo risponde un po' stupito. "Sì, il mio **cognome**[29] è De Angelis."

Mirco è pensieroso. "**C'era**[30] un De Angelis famoso a Roma negli **anni '80**[31]. Un grande **cardiologo**[32]. Si chiamava Francesco. Era tuo **parente**[33]?"

Leonardo ha un'**espressione stupita**[34]. "Non lo so. So che ho un parente italiano ma la mia famiglia negli Stati Uniti **ha perso**[35] i contatti."

Nel pomeriggio, Leonardo e Fabio entrano **di nascosto**[36] nell'**archivio vecchio**[37] dell'ospedale. È un posto pieno di **scatole di cartone**[38], **polvere**[39], e vecchie cartelle mediche.

"Benvenuto nel passato!" dice Fabio **sbuffando**[40]. "**Presto**[41]! Non abbiamo il permesso di stare qui."

I due dottori cercano tra le cartelle **finché**[42] trovano una cartella con il cognome 'De Angelis'. Dentro c'è una **foto ingiallita**[43] con un gruppo di dottori davanti all'ospedale. Dietro c'è scritto:

Roma, 1985 – Reparto Cardiologia.

Dr. Francesco De Angelis

Leonardo dice **sottovoce**[44]: "**Potrebbe essere**[45] mio parente... **Chi lo sa**[46]?"

Fabio guarda Leonardo. "Allora oggi abbiamo due misteri da risolvere: Elena... e il tuo passato."

Leonardo sorride, ma dentro sente una strana emozione.

Forse vincere la borsa di studio all'ospedale di Roma **non è stato un caso**[47]. Forse è stato un **segno del destino**[48].

Riassunto della storia

Leonardo e Fabio visitano Elena, una ragazza che sviene con sintomi insoliti. Leonardo sospetta sincope vasovagale e chiede nuovi esami. Nel frattempo, scopre nell'archivio ospedaliero una foto del dottor Francesco De Angelis, forse un suo parente. Due misteri da risolvere: la salute di Elena e le origini di Leonardo.

Summary of the story

Leonardo and Fabio visit Elena, a girl who faints with unusual symptoms. Leonardo suspects vasovagal syncope and requests additional tests. Meanwhile, he discovers a photo in the hospital archives of Dr. Francesco De Angelis, possibly a relative. Two mysteries to solve: Elena's health and Leonardo's family origins.

Cultural Insight – Il Festival di Sanremo

Il **Festival di Sanremo** è un famoso concorso (*competition*) musicale italiano che si tiene (*it is held*) ogni anno a Sanremo, in Liguria, dal 1951. I cantanti italiani presentano nuove canzoni e il pubblico vota la sua canzone preferita (*favourite song*). È molto seguito (*it is very popular*) in tutta Italia e spesso scopre (*it discovers*) **nuovi talenti musicali**.

Vocabulary

1 **raggiunge** (he) reaches

2 **cornetto** croissant

3 **battito del cuore** heartbeat

4 **lento** slow

5 **visione sfocata** blurred vision

6 **svenimenti** fainting fits

7 **è successo** it happened

8 **chiesa** church

9 **cantava** (she) was singing

10 **coro** choir

11 **sviene** (she) faints

12 **ripetutamente** repeatedly

13 **veloce** fast

14 **svenire** to faint

15 **rivista** magazine

16 **festival di Sanremo** famous Italian music festival held every year in Sanremo (Liguria)

17 **giornale** newspaper

18 **cantante** singer

19 **faticoso** tiring

20 **stressante** stressful

21 **mancare** to miss it

22 **mi gira la testa** my head spins

23 **batte** (it) beats

24 **svengo**   I faint

25 **pressione**   blood pressure

26 **nervi**   nerves

27 **permesso**   permission

28 **sincope vasovagale**   vasovagal syncope

29 **cognome**   surname

30 **c'era**   there was

31 **anni '80**   1980s

32 **cardiologo**   cardiologist

33 **parente**   relative

34 **espressione stupita**   astonished expression

35 **ha perso**   (my family) has lost

36 **di nascosto**   secretly

37 **archivio vecchio**   old archive

38 **scatole di cartone**   cardboard boxes

39 **polvere**   dust

40 **sbuffando**   grumbling

41 **presto**   quick

42 **finché**   until

43 **foto ingiallita**   yellowed photo

44 **sottovoce**   in a low voice

45 **potrebbe essere**   (this) could be

46 **chi lo sa**   Who knows

47 **non è stato un caso**   it was not by chance

48 **segno del destino**   sign of destiny, fate

Domande a risposta multipla

1) Cosa vuole fare Elena come professione?

    a. La velina.

    b. La cantante.

    c. La musicista.

2) Chi era Francesco De Angelis?

    a. Un famoso cardiologo a Roma negli anni '80.

    b. Un famoso cardiologo a Napoli negli anni '80.

    c. Un famoso cantante a Roma negli anni '80.

3) Cosa trovano Leonardo e Fabio nella cartella con il cognome 'De Angelis'?

    a. Un indirizzo e un numero di telefono di Francesco.

    b. Una foto del cardiologo Francesco De Angelis.

    c. Scatole di cartone e polvere.

Risposte

1) B

2) A

3) B

CAPITOLO 9

PARTE 9.2

Doppio colpo di scena - Double twist

A fine giornata arrivano i risultati degli esami.

Leonardo li legge con attenzione. Poi sorride. "**Lo sapevo**[1]... non è un problema al cuore."

Entra nella stanza di Elena con Fabio. "Elena, abbiamo una **risposta**[2] per te."

"Allora... sono malata?" chiede Elena curiosa ma **spaventata**[3].

"No. Hai un **disturbo**[4] che si chiama '*sincope vasovagale*'. Non è **grave**[5]." spiega Fabio.

Leonardo continua: "Il tuo corpo **reagisce**[6] **in modo strano**[7] a **emozioni**[8] forti, o quando **stai in piedi**[9] troppo tempo. Il cuore **rallenta**[10] e il **cervello**[11] **riceve**[12] meno sangue. E tu svieni."

Elena è sorpresa: "Succede quando canto... perché **ho paura**[13] di **sbagliare**[14]?"

"Esatto. La paura è un'emozione forte. Ma non ti preoccupare. Con alcune tecniche, puoi imparare a controllare questo effetto." Fabio **rassicura**[15] la bambina.

Elena chiede timidamente: "Allora posso continuare a cantare?"

"Certo! Ma **dovrai fare attenzione**[16]. E **magari**[17]... devi sederti se senti **girare la testa**[18]." dice Leonardo.

Elena annuisce, è contenta. **"Lo farò**[19].**"**

Dopo la visita, Leonardo e Fabio sono nel corridoio.

"Bel lavoro, dottor De Angelis!" scherza Fabio.

"Già[20]... De Angelis..." Leonardo **tira fuori**[21] la foto ingiallita dalla **tasca**[22].

"Questo dottore **ti assomiglia**[23]." commenta Fabio.

Ma **proprio**[24] in quel momento arriva Gabriella. È molto seria. "Il Dottor Mirco **vi aspetta**[25] nel suo ufficio."

Fabio dice sottovoce a Leonardo: "Siamo **nei guai**[26]..."

Entrano nell'ufficio. Mirco è seduto davanti al computer. Sullo schermo guarda un video della **sorveglianza**[27]. Nel video Leonardo e Fabio sono nell'archivio dell'ospedale.

"Perché siete entrati nell'archivio questo pomeriggio?" chiede Mirco serio.

"**Abbiamo cercato**[28] informazioni sul mio parente, Francesco De Angelis, nell'archivio…" **si scusa**[29] Leonardo.

"Senza permesso. Lo so. Mattia **mi ha informato**[30]." dice Mirco.

Fabio è **infastidito**[31] e sussurra a Leonardo: "Mattia, il **solito spione**[32]!"

Mirco guarda i due giovani dottori negli occhi."Non è la prima volta che **non seguite**[33] le regole. **Purtroppo**[34] io e Gabriella **dovremo punire**[35] il vostro **comportamento**[36]."

Poi fa un piccolo sorriso. "Ma la diagnosi per Elena era perfetta. Forse oggi **ho rivisto**[37] un po' del vecchio Francesco De Angelis."

Leonardo conferma: "Sono sicuro che è un mio parente ma non so **come contattarlo**[38]."

"Ho trovato queste informazioni nel **registro**[39] dell'ospedale." Mirco **consegna**[40] un foglio con un **indirizzo**[41] e un numero di telefono a Leonardo. "Ma niente più archivio per voi, **intesi**[42]?"

Fabio e Leonardo rispondono **in coro**[43]: "Intesi!"

Nel fine settimana Leonardo e Fabio invitano Lucia e Silvia ad un concerto ad Ostia Antica. L'arena è **all'aperto**[44], tra le **rovine**[45] romane. Il cielo è pieno di **stelle**[46].

Fabio sorride a Leonardo: "Benvenuto al tuo primo concerto italiano!"

"Wow... che atmosfera! Ma è questo il *Festival di Sanremo*?" Leonardo è sorpreso.

"No, ma l'anno prossimo **lo guardiamo**[47] assieme alla televisione, **promesso**[48]!" risponde Fabio, poi dà un bicchiere di vino a Leonardo. "In Italia la musica è come il vino. **Va gustata**[49] piano."

Lucia si avvicina a Leonardo. "Qui anche i concerti sono romantici!"

Inizia la musica. Un cantante **suona**[50] una canzone d'amore, in italiano. Leonardo guarda il pubblico: nessuno **filma**[51] con il cellulare. Tutti cantano, tutti ascoltano.

Leonardo pensa: *"Negli Stati Uniti la musica è più... commerciale. Qui sembra più... vera."*

Leonardo guarda il cielo, chiude gli occhi un momento e sorride. Quella sera non pensa a diagnosi, **né**[52] a cartelle mediche.

Pensa solo a una melodia italiana… e al suo cuore che **batte più forte**[53].

Riassunto della storia

Leonardo scopre che Elena soffre di sincope vasovagale, non di un problema al cuore. Poi, Leonardo e Fabio vengono scoperti da Mirco per essere entrati senza permesso nell'archivio. Mirco li perdona e dà a Leonardo informazioni sul suo possibile parente. Nel weekend vanno a un concerto romantico a Ostia Antica.

Summary of the story

Leonardo discovers that Elena suffers from vasovagal syncope, not a heart condition. Later, Leonardo and Fabio are caught by Mirco for entering the hospital archive without permission. Mirco forgives them and gives Leonardo information about his possible relative. Over the weekend, they attend a romantic concert in Ostia Antica.

Cultural Insight – Ostia Antica e la musica

Ostia Antica è un sito archeologico vicino a Roma, con antiche rovine (*ruins*) romane e un grande teatro. In estate, **festival musicali** si tengono (*they are held*) tra queste rovine:

concerti sotto le stelle (*under the stars*), e musica dal vivo (*live*) in un luogo storico. È speciale ascoltare musica immersi nell'arte e nella storia di Roma.

Vocabulary

1 **lo sapevo** I knew it
2 **risposta** answer
3 **spaventata** scared
4 **disturbo** condition
5 **grave** serious
6 **reagisce** (it) reacts
7 **in modo strano** in a strange way
8 **emozioni** emotions
9 **stai in piedi** you stand
10 **rallenta** (it) slows down
11 **cervello** brain
12 **riceve** (it) receives
13 **ho paura** I am afraid, scared
14 **sbagliare** to make a mistake
15 **rassicura** (he) reassures
16 **dovrai fare attenzione** you will have to be careful
17 **magari** maybe
18 **girare la testa** to feel dizzy
19 **lo farò** I'll do it
20 **già** yeah right

21 **tira fuori** (he) pulls out

22 **tasca** pocket

23 **ti assomiglia** (he) looks like you

24 **proprio** exactly

25 **vi aspetta** (he) is waiting for you

26 **nei guai** in trouble

27 **sorveglianza** surveillance

28 **abbiamo cercato** we searched

29 **si scusa** (he) apologizes

30 **mi ha informato** (he) has informed me

31 **infastidito** annoyed

32 **solito spione** usual snitch

33 **non seguite** you do not follow

34 **purtroppo** unfortunately

35 **dovremo punire** we will have to punish

36 **comportamento** behaviour

37 **ho rivisto** I saw again

38 **come contattarlo** how to contact him

39 **registro** register

40 **consegna** (he) hands over

41 **indirizzo** address

42 **intesi** Understood

43 **in coro** in unison

44 **all'aperto** outdoors

45 **rovine** ruins

46 **stelle** stars

47 **Io guardiamo** we will watch it

48 **promesso** promised

49 **va gustata** (it) must be savoured

50 **suona** (he) plays

51 **filma** (no one) films

52 **né** neither

53 **batte più forte** (it) beats faster

Domande a risposta multipla

1) Con la sincope vasovagale il corpo reagisce in modo strano a:

    a. Forti emozioni e cantare troppo.

    b. Cambiamento di temperatura e stare in piedi.

    c. Forti emozioni e stare troppo in piedi.

2) Chi ha informato Mirco che Leonardo e Fabio sono entrati nell'archivio dell'ospedale senza permesso?

    a. Gabriella, la loro insegnante.

    b. Mattia, il loro collega.

    c. Francesco, il parente di Leonardo.

3) Secondo Leonardo, la musica negli Stati Uniti è:

a. Più commerciale.

b. Più romantica.

c. Più vera.

Risposte

1) C

2) B

3) A

Un medico con un cuore - A doctor with a heart

CAPITOLO 10

PARTE 10.1

Ultimo caso -Last case

È sabato mattina. Leonardo si sveglia con un leggero **mal di testa**[1] dopo il concerto della **sera prima**[2]. Quando esce di casa, piove e c'è un **traffico pazzesco**[3].

Arriva in ospedale **in ritardo**[4]. Ha i capelli bagnati dalla **pioggia**[5] e lo **zaino zuppo**[6].

Fabio sorride come sempre. "**Treno**[7] o **autobus**[8]?"

Leonardo sospira: "**Tutti e due**[9]! Il treno era in ritardo di 20 (venti) minuti. L'autobus **non si è fermato**[10]. E alla **biglietteria**[11] nessuno **sapeva niente**[12]!"

"Benvenuto nei **trasporti pubblici**[13] italiani quando piove! Con la pioggia tutti usano la macchina **invece dei mezzi pubblici**[14] in Italia." spiega Fabio.

Gabriella entra nella stanza dei dottori con **sguardo severo**[15]. "Leonardo, sei in ritardo."

Leonardo si scusa. "Sì, **mi dispiace**[16] molto. I mezzi pubblici oggi…"

Gabriella **lo interrompe**[17]. "Va bene. Non abbiamo tempo per le **scuse**[18]." Poi sospira. "Il nuovo paziente si chiama Giovanni. 11 (undici) anni. È già venuto in ospedale **diverse volte.**[19]"

Leonardo apre la cartella clinica. Legge ad alta voce: "**Stanchezza**[20] cronica, mal di testa, **dolori muscolari**[21]… **peggiorati**[22] **con il tempo**[23]. Diagnosi: **sindrome da fatica cronica**[24], forse post-Covid."

Fabio aggiunge: "Ma ora Giovanni **si stanca**[25] anche solo camminando. Ieri ha detto che **non riusciva**[26] a **calciare**[27] la palla durante l'**allenamento di calcio.**[28]"

I due dottori entrano nella stanza. Giovanni è **sdraiato**[29] a letto. Ha una palla tra le mani e sta guardando una **partita di calcio**[30] alla televisione. Ha il viso stanco ma gli occhi attenti.

Leonardo lo saluta gentile: "Ciao Giovanni. Come ti senti oggi?"

"Stanco... anche se **non faccio niente**[31]." Giovanni dice piano.

"Ma mi hanno detto che ti piace giocare a calcio. **Per chi tifi**[32]?" chiede Leonardo.

Giovanni **si illumina**[33]. "Sì, mi piace tanto. Tifo per la Roma ovviamente!"

"Ottima scelta!" Leonardo si siede vicino al letto. "Facciamo un piccolo test. **Chiudi**[34] la mano forte. Ora **aprila**[35]. Di nuovo. Ancora..."

Dopo pochi movimenti, la mano di Giovanni **trema**[36].

Fabio nota preoccupato. "È **debole**[37]. Troppo debole."

Leonardo continua con altri piccoli test: **toccare**[38] il **naso**[39], **seguire un dito**[40] con gli occhi, **contare**[41] **all'indietro**[42] da 10 (dieci).

"Non è solo **fatica**[43]. È qualcosa **di più profondo**[44]." commenta Leonardo e va da Gabriella assieme a Fabio.

"Vorrei fare un test genetico a Giovanni per escludere una **malattia mitocondriale**[45]." chiede Leonardo gentilmente.

Gabriella è fredda come sempre. "Leonardo, è una malattia rara. I sintomi sono generici. Non possiamo **sprecare risorse**[46]."

"Ma Giovanni peggiora ogni giorno. Dobbiamo **agire**[47] subito." **implora**[48] Leonardo.

Gabriella resta in silenzio. Poi dice solo: "**Non insistete**[49]. Non voglio chiedere un test genetico senza aspettare **ancora**[50] qualche giorno e **monitorare**[51] Giovanni."

Leonardo guarda Fabio **in modo complice**[52]. Fabio **fa un cenno**[53] con la testa.

Quella sera, Fabio e Leonardo entrano nel laboratorio di analisi. È chiuso, ma Fabio ha un pass grazie a Silvia. **Lo usano**[54] senza permesso.

Fabio sussurra: "Se **ci beccano**[55], siamo **fritti**[56]."

"Meglio fritti... che **inutili**[57]." risponde Leonardo.

Fanno alcuni test speciali sul metabolismo muscolare. I risultati sono **chiari**[58].

Fabio è soddisfatto. "È un malattia mitocondriale. Lo sapevi."

Leonardo sospira sollevato. "Presto Giovanni **potrà iniziare**[59] la terapia giusta. Se aspettiamo... peggiora."

Riassunto della storia

Leonardo arriva in ospedale in ritardo sotto la pioggia e riceve il caso di Giovanni, un bambino sempre più debole. Sospetta una malattia mitocondriale e chiede un test genetico, ma Gabriella rifiuta. Con l'aiuto di Fabio, entra di nascosto in laboratorio e conferma la diagnosi. Giovanni potrà finalmente essere curato.

Summary of the story

Leonardo arrives at the hospital late in the rain and is assigned the case of Giovanni, a progressively weaker child. He suspects a mitochondrial disease and requests a genetic test, but Gabriella refuses. With Fabio's help, he sneaks into the lab and confirms the diagnosis. Giovanni will finally receive proper treatment.

Cultural Insight – Trasporti in Italia

In Italia, i **trasporti pubblici** possono essere complicati per chi (*for those who*) non è italiano. Gli orari (*time table*) cambiano tra giorni feriali e festivi (*weekdays and weekends/ holidays*), o i biglietti vanno convalidati (*need to be time-stamped or validated*) oo non hanno una data. A volte i treni o gli autobus arrivano in ritardo (*late*) a causa del traffico o della pioggia (*rain*), o ci sono scioperi (*strikes*). Per questo, molti italiani preferiscono usare **l'auto o lo scooter**!

Vocabulary

1   **mal di testa** headache
2   **sera prima** night before
3   **traffico pazzesco** crazy traffic
4   **in ritardo** late
5   **pioggia** rain
6   **zaino zuppo** soaked backpack
7   **treno** train
8   **autobus** bus
9   **tutti e due** both of them
10 **non si è fermato** (it) did not stop
11 **biglietteria** ticket office
12 **sapeva niente** (no one) knew anything
13 **trasporti pubblici** public transport
14 **invece dei mezzi pubblici** instead of public transport
15 **sguardo severo** stern look
16 **mi dispiace** I'm sorry
17 **lo interrompe** (he) interrupts him
18 **scuse** excuses
19 **diverse volte** several times
20 **stanchezza** fatigue
21 **dolori muscolari** muscle pains

22 **peggiorati** worsened

23 **con il tempo** over time

24 **sindrome da fatica cronica** chronic fatigue syndrome

25 **si stanca** (he) gets tired

26 **non riusciva** (he) couldn't

27 **calciare** to kick

28 **allenamento di calcio** soccer practice

29 **sdraiato** lying down

30 **partita di calcio** soccer match

31 **non faccio niente** I don't do anything

32 **per chi tifi** who do you support

33 **si illumina** (he) lights up

34 **chiudi** close

35 **aprila** open it

36 **trema** (it) trembles

37 **debole** weak

38 **toccare** to touch

39 **naso** nose

40 **seguire** to follow

41 **contare** to count

42 **all'indietro** backwards

43 **fatica** fatigue

44 **di più profondo** (something) deeper

45 **malattia mitocondriale** mitochondrial disease

46 **sprecare risorse** to waste resources

47 **agire** to act

48 **implora** (he) implores

49 **non insistete** don't insist

50 **ancora** still

51 **monitorare** to monitor

52 **in modo complice** conspiratorially, knowingly

53 **fa un cenno** (he) nods

54 **lo usano** they use it

55 **ci beccano** they catch us

56 **fritti** fried

57 **inutili** useless

58 **chiari** clear

59 **potrà iniziare** (he) will be able to start

Domande a risposta multipla

1) Leonardo arriva in ritardo in ospedale perché:

    a. Il treno era in orario ma l'autobus non si è fermato.

    b. Il treno era in ritardo e l'autobus non si è fermato.

    c. Il treno era in ritardo e la macchina si è rotta.

2) Per che squadra di calcio tifa Giovanni?

    a. La Roma.

    b. La Juventus.

c. L'Inter.

3) Perché Gabriella rifiuta di fare il test genetico per Giovanni?

   a. Non vuole andare nei guai.

   b. Vuole aspettare qualche giorno e monitorare Giovanni.

   c. Vuole sprecare risorse in altri test.

Risposte

1) B

2) A

3) B

CAPITOLO 10

PARTE 10.2

Corsa contro il tempo - Race against time

Domenica mattina, Gabriella scopre tutto. È furiosa. "**Avete violato**[1] il protocollo!"

Sta per rimproverarli[2] **duramente**[3], ma Mirco entra nell'ufficio calmo: "Hanno fatto il test giusto. Il bambino è **salvo**[4]. Ma… siete entrati senza permesso nel laboratorio di analisi. **Serve una lezione**[5]."

"**Ci sospendete**[6]?" chiede Fabio preoccupato.

"No. Ma da lunedì… **siete assegnati**[7] al **Pronto Soccorso**[8] dell'Ospedale San Camillo." dice Mirco serio.

"Un'opportunità. Lì imparerete **davvero**[9] cosa **vuol dire**[10] emergenza." aggiunge Gabriella ancora arrabbiata. "Ora potete andare."

I due ragazzi **si guardano**[11] sorpresi. Poi escono dalla stanza.

"Mi piace lavorare con i bambini all'ospedale." dice Leonardo un po' triste. "Ma **poteva andare peggio**[12]."

"Sì, **menomale**[13] che **non hanno sospeso**[14] il nostro tirocinio. **Vedrai**[15] che **andrà alla grande**[16]." sorride Fabio. Poi saluta l'amico: "In bocca al lupo per questo pomeriggio!"

Nel pomeriggio, Lucia e Leonardo sono alla stazione ferroviaria di Roma Termini.

Lucia ha in mano 2 (due) biglietti del treno. "Oggi **prendiamo**[17] il treno per Tivoli. Sei **pronto**[18]?"

"Se trovo il **binario**[19], sì..." Leonardo guarda **intorno**[20] confuso.

Lucia ride. "**Tranquillo**[21]. Ora hai una **guida**[22]. In Italia il biglietto si compra alla biglietteria o al **bar-tabacchi**[23], poi **bisogna convalidare**[24], ossia **timbrare**[25], il biglietto prima di salire sul treno."

"E se non timbro il biglietto?" chiede Leonardo curioso.

"**Multa sicura**[26]!" dice Lucia.

Il treno parte. Leonardo guarda il paesaggio dal **finestrino**[27]: **colline**[28] verdi, **casette**[29] con **tetti**[30] rossi, **viali**[31] con **alberi di pino**[32] e **cipressi**[33],

Dopo un'ora il treno arriva a Tivoli. Il sole è alto, l'aria è fresca. La **cittadina**[34] è piena di fiori, **balconi**[35] colorati e piccole vie **in salita**[36].

Camminano **fino**[37] all'indirizzo che Mirco ha dato a Leonardo:

Via dei Tigli, numero 11

C'è una porta azzurra, un **citofono**[38] vecchio. Lucia **suona**[39]. Nessuno risponde.

Un uomo anziano esce dalla casa **accanto**[40]. "Cercate il dottor De Angelis?"

"Sì, Francesco De Angelis. È mio parente." risponde Leonardo.

L'uomo abbassa lo sguardo. "Mi dispiace. Il dottor Francesco è **morto**[41] **un anno fa**[42]. Una brava persona. **È sepolto**[43] al cimitero, qui vicino."

Leonardo e Lucia camminano piano verso il cimitero di Tivoli.

È un luogo tranquillo, su una collina. Ci sono **cappelle**[44] antiche, cipressi, fiori freschi, **statue di angeli**[45] e piccole **lanterne**[46] accese.

Le **tombe**[47] hanno foto, nomi, date... e **parole d'amore**[48].

Lucia cammina in silenzio, poi indica una **lapide**[49]:

Dr. Francesco De Angelis

"Marito, nonno e medico con un cuore."

Leonardo **si ferma**[50]. Guarda la foto **in bianco e nero**[51]. Il **viso**[52] è **lo stesso**[53] della vecchia foto trovata in archivio.

Chiude gli occhi. Non parla. Ma le mani tremano un po'.

Lucia **gli prende**[54] la mano e sussurra: "È stato un grande medico. E ora tu **continui la sua strada**[55]."

Leonardo guarda la tomba. Poi guarda Lucia. Il silenzio è pieno di emozioni.

Leonardo dice a bassa voce: "Forse la mia storia inizia **proprio qui**[56]."

Lucia sorride. Si avvicina. Leonardo prende il viso di Lucia tra le mani. **Si scambiano un bacio**[57] delicato.

Un **vento**[58] leggero **muove**[59] gli alberi. Il cielo è sereno.

Leonardo sente che è l'inizio di una nuova avventura.

Riassunto della storia

Leonardo e Fabio vengono puniti per essere entrati senza permesso in laboratorio. Invece di una sospensione, vengono assegnati al pronto soccorso. Nel pomeriggio,

Leonardo visita Tivoli con Lucia e scopre che il dottor Francesco De Angelis, suo possibile parente, è morto. Davanti alla sua tomba, inizia per Leonardo una nuova avventura.

Summary of the story

Leonardo and Fabio are punished for entering the lab without permission. Instead of being suspended, they are reassigned to the emergency room. In the afternoon, Leonardo visits Tivoli with Lucia and discovers that Dr. Francesco De Angelis, his possible relative, has passed away. Standing before his grave, a new adventure begins for Leonardo.

Cultural Insight – Tivoli e le sue ville

Tivoli è una piccola città vicino a Roma, famosa per i suoi bellissimi giardini e ville antiche. **Villa d'Este**, residenza storica con tante fontane e giochi d'acqua (*water effects*), è un sito del patrimonio dell'UNESCO in Italia. C'è anche **Villa Adriana**, costruita dall'imperatore Adriano, con bagni, templi, teatri, giardini, fontane e ninfee. Una gita a Tivoli è perfetta per scoprire la natura e la storia romana!

Vocabulary

1 **avete violato** you have violated
2 **sta per rimproverarli** (she) is about to scold them
3 **duramente** harshly
4 **salvo** safe
5 **serve una lezione** A lesson is needed
6 **ci sospendete** are you suspending us
7 **siete assegnati** you are assigned
8 **Pronto Soccorso** Emergency Room
9 **davvero** for real
10 **vuol dire** it means
11 **si guardano** they look at each other
12 **poteva andare peggio** it could have been worse
13 **menomale** thank goodness
14 **non hanno sospeso** they did not suspend
15 **vedrai** you will see
16 **andrà alla grande** it will go great
17 **prendiamo** we take
18 **pronto** ready
19 **binario** platform
20 **intorno** around
21 **tranquillo** don't worry
22 **guida** guide
23 **bar-tabacchi** newsagent
24 **bisogna convalidare** you need to validate

25 **timbrare** to stamp

26 **multa sicura** certainly a fine

27 **finestrino** window

28 **colline** hills

29 **casette** little houses

30 **tetti** roofs

31 **viali** avenues

32 **alberi di pino** pine trees

33 **cipressi** cypresses

34 **cittadina** small town

35 **balconi** balconies

36 **in salita** uphill

37 **fino** until

38 **citofono** intercom

39 **suona** (she) rings

40 **accanto** next door

41 **morto** dead

42 **un anno fa** one year ago

43 **è sepolto** (he) is buried

44 **cappelle** chapels

45 **statue di angeli** angel statues

46 **lanterne** lanterns

47 **tombe** tombs

48 **parole d'amore** words of love

49 **lapide** gravestone

50 **si ferma** (he) stops

51 **in bianco e nero** in black and white

52 **viso** face

53 **lo stesso** the same

54 **gli prende** (she) takes his hand

55 **continui la sua strada** you continue his path

56 **proprio qui** right here

57 **si scambiano un bacio** they exchange a kiss

58 **vento** wind

59 **muove** (it) moves

Domande a risposta multipla

1) Come vengono puniti Leonardo e Fabio per essere entrati nel laboratorio di analisi di nascosto?

    a. Vengono mandati a casa.

    b. Il loro tirocinio viene sospeso.

    c. Vengono assegnati al Pronto Soccorso di un altro ospedale.

2) Cosa bisogna fare prima di salire sul treno in Italia?

    a. Scrivere un messaggio sul biglietto.

    b. Convalidare, o timbrare, il biglietto.

    c. Pulirsi le scarpe.

3) Cosa scoprono Leonardo e Lucia a Tivoli?

   a. Che Francesco De Angelis è morto.

   b. Che Francesco De Angelis era il nonno di Leonardo.

   c. Che Francesco De Angelis non abita più a Tivoli.

Risposte

1) **C**

2) **B**

3) **A**

Conclusion

Congratulations!

Whether it is your first book in Italian or you have already read a few, you should be proud of your progress and your perseverance. Learning a foreign language is a very dynamic process and every step forward should be celebrated, no matter how small it might seem to you.

If this was your first book, well done on completing it!

If you used this book as a refresher before progressing to a more advanced level, it's equally outstanding how far you've come in your learning journey!

If you have enjoyed reading this book, I have a couple more "secrets" to share with you to help you make the most of the stories you've just read and some recommendations on additional material that you can use along with this book.

I hope to be able to entertain you again with more stories.

To next time!

Continue to learn

Learning a foreign language is such an adventure and reading is only one of the many ways you can advance your level.

I highly recommend my students to consume as much material in Italian language as they can and expose themselves to Italian language in all formats: newspapers articles, television programs, youtube videos, pen friends, travelling to Italy, and certainly, other books and audio books.

If you have enjoyed this book, there will be many other to follow so subscribe to my mailing list at subscribepage.com/ rebeccaromano to get to know when my next collection of short stories will come out.

Stay tuned!

Share the benefits

If you believe you have benefitted from this book and want to encourage others to read these stories, please consider leaving a favourable review on Amazon or on the other websites from where you have purchased this book.

Sharing is caring!

If you are a teacher

From teacher to teacher, I know how hard it is to find good reading material to use during lessons.

This book is written specifically with beginner level students in mind, and each story is structured so that it prepares the students for the next one, without overwhelming them with too much new vocabulary or complex grammar structures.

If you would like to use this book with your students, you can rely on easy-to-navigate stories, vocabulary and grammar including comprehension questions at the end of each episode to test your students.

I'd love to hear from you and know how you have used this book with your students.

Please contact me on Instagram at @languagemyths_italian

Use a notebook

Unless you are equipped with a wondrous memory, you won't be able to remember all the new words, colloquial expressions and constructs you will learn with this book.

My students know too well I encourage the use of notebooks where to write down all the new vocabulary learnt and to revise it constantly so to help them consolidate their learning.

For this reason, I have released a special notebook on Amazon, The Italian Language Learning Notebook, to help ensure your success in retaining and putting into use as many new words as possible.

This notebook includes alphabetically ordered sections where you can register the new vocabulary in both Italian and your own language, together with an example box and a note box where you can write your own sentences.

Acknowledgements

"Travel early and travel often. Live abroad, if you can. Understand cultures other than your own. As your understanding of other cultures increases, your understanding of yourself and your own culture will increase exponentially."

— Tom Freston

I think this is just the perfect quote for my new trilogy, '*Leonardo a Roma*', about an American doctor who goes to live in Italy to finish his studies. A marvellous change happens inside him as he immerses himself more and more into the Italian culture and way of life among its good and bad aspects.

And I should know this myself. As an Italian expat living in New Zealand, I know too well how hard it can sometimes be to live abroad and, at the same time, how wonderful it is to be exposed to a totally different culture, way of life and language.

Yet, I cannot recommend it enough: travel, travel, travel. And yes, live abroad if you can. To me, even learning a new language is a journey into another dimension where you constantly compare your beliefs with someone else's beliefs and your horizon expands. How magical!

So let me thank everyone that have crossed and will cross my path in my travels and while living abroad. You have certainly inspired some of my characters in a way or another.

Larry, how can I not thank you for your unwavering trust in me and my work during good and bad moments. Together with Thomas and Gigi, you are the family I can always count on and I would never trade for anything in the whole world.

And a heartfelt thank you to my family and friends in Italy for their constant support. This time I also want to thank my family abroad. Yes, that enlarged family you chose and share your life and struggles with, as it were your own family.

Finally, I cannot forget my students and readers. Thank you for reminding me how special is to learn a language. I hope this trilogy will inspire you to travel to Italy if you haven't been yet, and why not, maybe even going to live there for a while.

www.ingramcontent.com/pod-product-compliance
Lightning Source LLC
Chambersburg PA
CBHW070930250626
47159CB00009B/3192